Le grand livre de la MIJOTEUSE
VOLUME 2

 **Broquet**

97-B, Montée des Bouleaux,
Saint-Constant, Qc, Canada, J5A 1A9
Tél. : 450.638.3338, Téléc. : 450.638.4338
Internet : www.broquet.qc.ca
Courriel : info@broquet.qc.ca

Catalogage avant publication de Bibliothèque et Archives nationales du Québec et Bibliothèque et Archives Canada

Vedette principale au titre:

   Le grand livre de la mijoteuse

   Traduction de : The slow cooker bible; et de, Best-loved slow cooker.

   Comprend un index.

   ISBN 978-2-89000-924-0 (v. 1)

   ISBN 978-2-89654-121-8 (v. 2)

   1. Cuisson lente à l'électricité. 2. Cuisine. I. Roby, Jean. II. Courtemanche, Anne-Marie.

TX827.S5614 2008   641.5'884   C2007-941592-X

POUR L'AIDE À LA RÉALISATION DE SON PROGRAMME ÉDITORIAL, L'ÉDITEUR REMERCIE :
Le gouvernement du Canada par l'entremise du Programme d'aide au développement de l'industrie de l'édition (PADIÉ) ; la Société de développement des entreprises culturelles (SODEC) ; l'Association pour l'exportation du livre canadien (AELC).
Le gouvernement du Québec – Programme de crédit d'impôt pour l'édition de livres – Gestion SODEC.

Titre original : *Slow cooker*
Copyright © 2006 Publications International, Ltd.

Pour l'édition en langue française :

Copyright © Broquet inc., Ottawa 2009
Dépôt légal – Bibliothèque et Archives nationales du Québec et Bibliothèque et Archives Canada
2ᵉ trimestre 2009

TRADUCTION Anne-Marie Courtemanche
RÉVISION Céline Bouchard, Lise Lortie
INFOGRAPHIE Brigit Levesque, Sandra Martel

Imprimé en Chine
ISBN 978-2-89654-121-8

EN COUVERTURE : photo principal : p211 ; photos du haut (de gauche à droite) : p105, p33, p313, p239.
EN COUVERTURE ARRIÈRE : photo du haut (de gauche à droite) : p167, p299, p203 ; photo du bas : p251.

CUISSON AU MICRO-ONDES : Les fours à micro-ondes ont tous une puissance différente. Utiliser les temps de cuisson comme lignes directrices et vérifier la cuisson avant de cuire davantage.
TEMPS DE PRÉPARATION ET DE CUISSON : Les temps de préparation sont inspirés du temps approximatif nécessaire pour réaliser la recette avant la cuisson, la cuisson au four, la réfrigération ou le service. Ces temps incluent les étapes de préparation comme la mesure des ingrédients, le coupage et le mélange. Le fait que certaines préparations et cuissons peuvent être réalisées simultanément est pris en compte. La préparation d'ingrédients optionnels et les suggestions de présentation ne sont pas incluses.

Table des matières

Les rudiments de la mijoteuse	4
POUR LES DÉBUTANTS	**8**
SOUPES ET RAGOÛTS RÉCONFORTANTS	**52**
BŒUF SAVOUREUX	**100**
PORC SUCCULENT	**160**
VOLAILLE FUMANTE	**192**
REPAS SANS VIANDE	**230**
LES À-CÔTÉS	**252**
DESSERTS ET PLUS	**294**
Index	314

Les rudiments de la mijoteuse

LES TECHNIQUES D'UTILISATION DE LA MIJOTEUSE

Si vous en êtes à vos premières armes avec une mijoteuse, les techniques suivantes vous seront très utiles et vous permettront de tout comprendre du merveilleux monde de la mijoteuse. Même si vous pensez tout connaître de la mijoteuse, prenez le temps de feuilleter la liste des techniques. Vous y trouverez peut-être des solutions à des problèmes déjà rencontrés. Vous pourriez aussi découvrir une technique qui rehaussera votre expérience avec votre mijoteuse et vous transformera instantanément en pro !

Attendrir : la cuisson lente étant un moyen efficace pour attendrir la viande, les coupes plus coriaces de viande – plus savoureuses que les coupes maigres – lui conviennent parfaitement.

Préparer la viande : il est préférable de couper le surplus de gras de la viande et de la volaille avant de les faire cuire. Sinon, ce gras se liquéfiera et remontera en surface. Il devra donc être écumé après la cuisson. Vous pouvez aussi faire

dorer la viande dans une poêle à frire avant de la déposer dans la mijoteuse (voir dorer).

Dorer : il n'est pas essentiel de faire dorer la viande, mais l'opération a ses avantages. Vous avez probablement déjà remarqué que le fait de saisir une viande sur le gril ou dans une poêle à frire produit de merveilleux arômes et saveurs qui rendent les steaks, les burgers et les côtelettes encore plus succulents. La saveur produite par le dorage ajoute une touche de complexité aux repas de bœuf, de porc et d'agneau qui bénéficient d'une cuisson lente. Le bœuf haché devrait toujours être doré et égoutté de son gras avant d'être déposé dans la mijoteuse. Le dorage donne aussi une plus belle couleur à la viande.

Préparer la volaille : à la mijoteuse, la peau du poulet a tendance à flétrir et à s'enrouler. Pour la plupart des recettes, on utilise donc du poulet sans la peau. Si vous préférez utiliser des morceaux avec la peau, faites-les dorer à la poêle avant de les déposer dans la mijoteuse. Retirez le surplus de gras de la volaille avant la cuisson. Un poulet ne peut être déposé entier dans une mijoteuse. Coupez-les toujours en quarts ou en morceaux individuels avant la cuisson.

Préparer les légumes : les légumes, tout particulièrement les légumes-racines, prennent plus de temps à cuire que la viande. Pour que leur cuisson se termine au même moment, prenez soin de les couper en morceaux de taille uniforme. Les légumes-racines comme les pommes de terre, les carottes et les navets doivent être coupés en petits morceaux et déposés au fond de la mijoteuse de façon à toujours être recouverts de liquide. Il ne faut pas précuire les légumes. Certaines recettes exigent de faire sauter les oignons et l'ail ; le but de cette opération est normalement d'en atténuer le goût.

Les légumes très goûteux comme le brocoli, le chou et le chou-fleur doivent être ajoutés pendant la dernière ou les deux dernières heures de cuisson. Une cuisson plus courte évite que leur goût prenne le dessus sur celui des autres ingrédients. Les légumes plus délicats et tendres comme les épinards, les oignons verts et les pois mange-tout doivent également être ajoutés pendant la dernière heure afin d'éviter qu'ils soient trop cuits.

Produits laitiers : les produits laitiers peuvent cailler ou se séparer s'ils sont soumis à une cuisson longue et lente (6 heures ou plus). Ajoutez le lait, la crème, la crème sure et les fromages au cours des 15 à 30 dernières minutes de cuisson.

Certains produits laitiers conviennent mieux aux cuissons longues parce qu'ils ont été transformés à haute température. Par exemple, le fromage fondu et le lait évaporé peuvent tous deux être ajoutés en début de cuisson. Les soupes condensées peuvent aussi supporter plusieurs heures de cuisson.

Rehausser les saveurs : lorsque soumises à de longues cuissons, les herbes sèches et certaines épices ont tendance à perdre leur saveur, ce qui a pour résultat d'affadir les plats. Au fur et à mesure que la vapeur se condense dans la mijoteuse et que la quantité de liquide augmente, les saveurs ont tendance à se diluer. (À l'inverse, la cuisson conventionnelle provoque une évaporation du liquide, ce qui rend les assaisonnements plus goûteux quand ils sont cuits longtemps.) Pour corriger ce problème, goûtez toujours la préparation une trentaine de minutes avant la fin de la cuisson et rectifiez l'assaisonnement en ajoutant herbes et épices au goût.

Il faut aussi savoir que le goût de certaines épices et de l'ail peut être rehaussé. C'est le cas des piments, de la poudre de chili et du poivre noir, dont le goût peut devenir très prononcé avec le prolongement de la cuisson. Si vous-même ou un membre de votre famille êtes sensible au piquant des piments et des épices, utilisez une quantité moindre que celle qui est indiquée dans les recettes, ou attendez aux 30 dernières minutes de cuisson pour les ajouter.

La saveur des herbes fraîches augmente avec les cuissons prolongées. Elles sont donc tout indiquées pour la cuisson lente.

Rehausser les couleurs : les légumes peuvent avoir tendance à perdre leurs couleurs vives avec les cuissons longues. Les plats de mijoteuse peuvent donc parfois être décolorés. Pour éviter cet effet, ajoutez les légumes plus délicats vers la fin du temps de cuisson. Vous pouvez aussi décorer le plat avant de le servir. L'ajout d'oignons verts émincés, d'herbes hachées, de tomates fraîches en dés, de fromage râpé, de quartiers de citron ou de lime, ou encore de miettes de bacon ajouteront une touche de couleur. De la crème sure, des noix grillées ou des croûtons peuvent aussi rehausser l'apparence du plat. Veillez à choisir des garnitures dont la saveur est un complément au mets.

À préparer d'avance : les matinées sont pour beaucoup de gens une période très occupée de la journée. Si c'est votre cas, vous préférez peut-être préparer vos ingrédients la veille. Une fois que c'est fait, couvrez et réfrigérez jusqu'au moment de les utiliser. N'oubliez pas de conserver les légumes et la viande ou la volaille crues dans des contenants différents. Et ne faites pas dorer la viande ou la volaille la veille, car des bactéries peuvent proliférer dans la viande ou la volaille partiellement cuites. Quand vous déposez des ingrédients préparés d'avance dans la mijoteuse, comme ils sont froids, il faut ajouter une trentaine de minutes au temps de cuisson.

Remplir la mijoteuse : pour obtenir les meilleurs résultats, remplissez la mijoteuse au moins jusqu'à la moitié, mais pas à plus des trois quarts de sa capacité.

Température élevée ou température basse : les mijoteuses sont toujours dotées d'au moins deux réglages de température, basse et élevée. La plupart des recettes peuvent être confectionnées à l'une ou à l'autre. Normalement, de 2 h à 2 h 30 à BASSE température équivalent à 1 h à température ÉLEVÉE. La plupart des recettes de ce livre proposent les temps de cuisson pour les deux températures. Par contre, si une seule température est indiquée, c'est celle-là qui doit être utilisée. Les coupes de viande plus coriaces deviennent plus tendres et les saveurs se marient normalement mieux si le plat est préparé à BASSE température.

Commencer à température ÉLEVÉE, puis réduire : il est aussi possible de lancer la cuisson d'un plat à température ÉLEVÉE pendant la première heure, pour ensuite réduire à BASSE température pour le reste du temps de cuisson. En adoptant cette méthode, vous réduisez le temps de cuisson total de une à deux heures. Certaines mijoteuses sont dotées d'une fonction qui abaisse automatiquement la température après une heure de cuisson à température ÉLEVÉE.

Ne pas retirer le couvercle : si on retire le couvercle pendant la cuisson, près de 30 minutes seront nécessaires pour retrouver la chaleur perdue. Retirez le couvercle uniquement lorsque les instructions de la recette vous l'indiquent. En règle générale, les plats cuits à la mijoteuse n'ont pas besoin d'être remués. Grâce aux éléments chauffants enroulés à l'extérieur du récipient et à la BASSE température, les aliments ne risquent pas de coller ou de brûler.

Si vous ne pouvez résister à l'envie de jeter un coup d'œil à l'intérieur, tapotez légèrement le couvercle ou faites-le tourner sur lui-même pour éliminer en partie la condensation qui l'embue. Vous devriez être en mesure de voir à l'intérieur.

MIJOTEUSE ET SÉCURITÉ

La sécurité alimentaire est une préoccupation constante lorsqu'on apprête et sert des aliments. Les organismes qui causent les maladies d'origine alimentaire prolifèrent à des températures situées entre 4 °C (40 °F) et 60 °C (140 °F). Des recherches ont démontré que même à BASSE température, les mijoteuses augmentent la température des aliments à une vitesse suffisante pour éviter tout risque.

Panne de courant : si vous arrivez à la maison et constatez qu'il y a une panne d'électricité, vérifiez la mijoteuse. À l'aide d'un thermomètre à lecture instantanée, mesurez la température de son contenu. Si la température est supérieure à 60 °C (140 °F), vous pouvez transvider le contenu de la mijoteuse dans une grande casserole ou dans une cocotte et terminer la cuisson sur une cuisinière au gaz ou sur le barbecue. Par contre, si la température du contenu indique une valeur de 4 °C (40 °F) à 60 °C (140 °F), jetez-le sans hésitation.

S'il y a de l'électricité à votre retour à la maison, mais que vous savez qu'il y a eu une panne plus tôt parce que les horloges sont déréglées, jetez le contenu de la mijoteuse. Vous ne saurez jamais quelle température les aliments ont atteint et pendant combien de temps. Les aliments peuvent avoir passé plusieurs heures à des températures dangereuses. Même si tout est chaud et appétissant à votre arrivée, il est préférable de jouer de sûreté et de jeter.

Innocuité des aliments préparés d'avance : lorsque vous préparez des ingrédients d'avance, réfrigérez toujours la viande et les légumes. Conservez toujours la viande ou la volaille crue et les légumes dans des contenants séparés. Ne vous servez pas de la cocotte de la mijoteuse pour conserver les ingrédients au réfrigérateur ; car il serait très froid au moment d'être utilisé, ce qui prolongerait de beaucoup la durée de la cuisson.

Aliments congelés : ne faites pas cuire de viande ou de volaille congelées à la mijoteuse. Que le réglage de la température soit bas ou élevé, les aliments passeraient trop de temps aux températures dangereuses, ce qui permettrait aux organismes causant les maladies d'origine alimentaire de proliférer. Il est aussi préférable de préparer les légumes congelés sur la cuisinière ou au four à micro-ondes.

Dorer : ne faites jamais dorer ou cuire partiellement la viande ou la volaille pour ensuite les réfrigérer en vue d'une cuisson éventuelle. Faites plutôt cuire complètement la viande ou la volaille dès qu'elles sont dorées.

Bien cuire les viandes et les volailles : à la fin du temps de cuisson prévu, vérifiez la température de la volaille, de la viande et du pain de viande à l'aide d'un thermomètre à lecture instantanée. La volaille devrait avoir une température de 85 °C (180 °F), le bœuf et le porc de 72 °C (160) à 77 °C (170 °F), et le pain de viande une température de 74 °C (165 °F).

Réglage réchaud : certaines mijoteuses sont équipées d'un réglage réchaud qui permet de garder les aliments à une température supérieure à 63 °C (145 °F). Vous pouvez confirmer que votre mijoteuse fonctionne correctement en vérifiant périodiquement la température de vos aliments alors que le réglage réchaud est sélectionné. La température des aliments ne devrait jamais passer sous la barre des 60 °C (140 °F).

Restes : réfrigérez les restes rapidement. On peut laisser les aliments reposer dans la mijoteuse éteinte pendant un maximum de une heure. Pour faire refroidir les restes rapidement, transvidez-les dans plusieurs petits contenants plutôt que dans un seul grand ; non seulement ils refroidiront plus vite, mais les bactéries auront aussi moins de chances de se multiplier. Ne réchauffez jamais des restes dans une mijoteuse. Optez plutôt pour un réchauffage rapide sur la cuisinière ou au four à micro-ondes.

Remplir la mijoteuse : une mijoteuse qui n'est pas au moins à moitié pleine peut ne pas chauffer les aliments assez rapidement. Puisque les éléments chauffants entourent le réceptacle, une bonne part des aliments ne serait pas en contact avec la source de chaleur.

Emploi sécuritaire de l'appareil : il est sécuritaire de laisser une mijoteuse sans surveillance pendant qu'elle fonctionne. Par contre, si vous prévoyez vous absenter toute la journée, il est plus prudent de régler la mijoteuse à BASSE température. N'utilisez pas votre mijoteuse à proximité de l'évier de la cuisine. Choisissez une prise électrique située à au moins 1 mètre (3 pieds) de l'évier. Ne plongez jamais la base de la mijoteuse dans l'eau. Si la cocotte en céramique est fissurée, ne l'utilisez pas et remplacez-la. Pour connaître tous les conseils de sécurité concernant votre modèle de mijoteuse, consultez les instructions du fabricant.

Cordons électriques : protégez le cordon électrique des risques d'entailles et d'incisions. Vérifiez-le périodiquement ; si vous remarquez une entaille ou une incision, remplacez-le immédiatement. N'utilisez pas de rallonge électrique pour brancher une mijoteuse.

ENTRETIEN DE LA MIJOTEUSE

• Avant de l'utiliser la première fois, lavez la cocotte en céramique à l'eau chaude savonneuse.

• Si vous apprêtez des aliments collants comme des côtes levées barbecue, vaporisez l'intérieur de la cocotte de la mijoteuse d'un aérosol de cuisson antiadhésif avant d'ajouter les ingrédients.

• Faites tremper la cocotte dans une eau chaude savonneuse et récurez-la à l'aide d'un tampon en plastique ou en nylon pour déloger les restes d'aliments. N'utilisez pas de laine d'acier.

• Lavez la cocotte à l'eau chaude savonneuse une fois la cuisson du plat terminée et la cocotte refroidie. Essuyez le réceptacle extérieur à l'aide d'un linge humide ; ne le plongez jamais dans l'eau.

Trempette aux haricots pour le voisinage

1 ½	tasse de haricots noirs secs, rincés et triés
1 ½	tasse de haricots pinto secs, rincés et triés
5	tasses d'eau (davantage pour le trempage des haricots), réparti
1	paquet (env. 40 g – 1 ¼ oz) d'assaisonnement piquant pour tacos
2	cuillères à soupe d'oignons déshydratés émietté
3	cubes de bouillon de poulet
1	cuillère à soupe de flocons de persil séché
2	feuilles de laurier
1	pot (475 ml – 16 oz) de salsa épaisse et consistante (moyenne ou piquante)
2	cuillères à soupe de jus de lime

1. Placer les haricots dans un grand bol ; couvrir d'eau. Laisser tremper de 6 à 8 heures ou toute la nuit. (Pour accélérer le temps de trempage des haricots, les déposer dans une grande casserole et couvrir d'eau. Amener à ébullition à feu élevé. Faire bouillir pendant 2 minutes. Retirer du feu et laisser tremper à couvert pendant 1 heure.) Égoutter les haricots ; jeter l'eau.

2. Mélanger dans la mijoteuse les haricots trempés, 5 tasses d'eau, l'assaisonnement pour tacos, l'oignon, les cubes de bouillon, le persil et les feuilles de laurier. Couvrir et cuire à BASSE température de 9 à 10 heures ou jusqu'à ce que les haricots soient tendres. Ajouter de l'eau au besoin, ½ tasse à la fois. Retirer et jeter les feuilles de laurier.

3. Réduire en purée la moitié du mélange au robot culinaire. Ajouter la salsa et le jus de lime. Remettre le couvercle et mixer jusqu'à l'obtention d'une consistance lisse. Verser le mélange en purée dans la mijoteuse ; remuer pour bien combiner.

Donne 6 tasses

Saucisses cocktail aigres-douces piquantes

2   paquets (225 g – 8 oz chacun) de saucisses cocktail

½   tasse de ketchup ou de sauce chili

½   tasse de confiture d'abricots

1   cuillère à thé de sauce au piment fort

sauce au piment fort en surplus (facultatif)

1. Mettre tous les ingrédients dans la mijoteuse et bien mélanger. Couvrir et cuire à BASSE température pendant 2 à 3 heures.

2. Servir chaud ou à la température ambiante avec des piques et de la sauce au piment fort, au goût.

Donne environ 4 douzaines de saucisses cocktail

> *Les temps de cuisson sont donnés à titre de référence. Les mijoteuses, tout comme les fours, cuisent les aliments différemment selon les éléments chauffants dont ils sont équipés. Souvent, on indique une gamme de temps dans une même recette. À vous d'ajuster en fonction de votre mijoteuse.*

Chocolat chaud triplement délicieux

3	tasses de lait, réparties
⅓	tasse de sucre
¼	tasse de poudre de cacao non sucrée
¼	cuillère à thé de sel
¾	cuillère à thé de vanille
1	tasse de crème 15 % champêtre
1	carré (30 g – 1 oz) de chocolat blanc
1	carré (30 g – 1 oz) de chocolat mi-sucré
¾	tasse de crème fouettée
3	cuillères à thé de mini brisures de chocolat ou de chocolat mi-sucré râpé

1. Mélanger ½ tasse de lait, le sucre, le cacao et le sel dans un bol moyen et battre jusqu'à l'obtention d'une consistance lisse. Verser dans la mijoteuse. Ajouter les 2 ½ tasses de lait et la vanille. Couvrir et cuire à BASSE température pendant 2 heures.

2. Ajouter la crème. Couvrir et cuire à BASSE température pendant 10 minutes. Incorporer le chocolat blanc et le chocolat mi-sucré jusqu'à ce qu'ils fondent.

3. Verser le chocolat chaud dans 6 tasses. Garnir chacune de 2 cuillères à soupe de crème fouettée et de ½ cuillère à thé de brisures de chocolat.

Donne 6 portions

Fondue facile aux trois fromages

2	tasses (450 g) de cheddar doux ou fort, râpé
¾	tasse de lait partiellement écrémé (2 %)
½	tasse (125 g) de fromage bleu, émietté
1	paquet (90 g – 3 oz) de fromage à la crème, coupé en cubes
¼	tasse d'oignons, finement hachés
1	cuillère à soupe de farine tout usage
1	cuillère à soupe de beurre ou de margarine
2	gousses d'ail, finement hachées
4	à 6 cuillères à thé de sauce au piment fort
⅛	cuillère à thé de poivre rouge du moulin
	grissini et légumes frais

1. Mélanger tous les ingrédients dans la mijoteuse, à l'exception des grissini et des légumes. Couvrir et cuire à BASSE température de 2 h à 2 h 30, en remuant une ou deux fois, jusqu'à ce que le fromage soit uniformément fondu.

2. Augmenter le réglage à température ÉLEVÉE. Cuire de 1 h à 1 h 30, ou jusqu'à ce que la préparation soit bien chaude. Servir avec des grissini et des légumes frais pour faire trempette.

Donne 8 portions de 3 cuillères à soupe

Astuce : pour réduire davantage la quantité totale de gras que contient cette recette, utiliser du cheddar et du fromage à la crème à teneur réduite en gras.

Trempette Reuben

1	pot ou 1 sachet (env. 1 litre – 32 oz) de choucroute, égouttée
2	tasses de fromage suisse, râpé
3	paquets (70 g – 2½ oz chacun) de bœuf salé, émietté
½	tasse de margarine fondu
1	œuf battu
	pain de seigle ou craquelins

1. Mélanger tous les ingrédients dans la mijoteuse, à l'exception du pain de seigle. Couvrir et cuire à température ÉLEVÉE pendant 2 heures.

2. Servir avec le pain de seigle ou les craquelins.

Donne 12 portions

__Une heure à température ÉLEVÉE__ équivaut à une durée de 2 h à 2 h 30 à BASSE température avec une mijoteuse dont les éléments chauffants encerclent le récipient de la cocotte (le type le plus commun).

POUR LES DÉBUTANTS

Trempette bacon et fromage

2	paquets (250 g – 8 oz chacun) de fromage à la crème léger, coupé en cubes
4	tasses (900 g) de cheddar fort léger, râpé
1	tasse de lait condensé écrémé
2	cuillères à soupe de moutarde préparée
1	cuillère à soupe d'oignon, haché
2	cuillères à thé de sauce Worcestershire
½	cuillère à thé de sel
¼	cuillère à thé de sauce au piment fort
450	g (1 lb) de bacon de dinde, cuit croustillant et émietté

1. Déposer dans la mijoteuse le fromage à la crème, le cheddar, le lait condensé, la moutarde, l'oignon, la sauce Worcestershire, le sel et la sauce au piment fort, au goût. Couvrir et cuire à BASSE température, en remuant à l'occasion, pendant 1 heure ou jusqu'à ce que le fromage fonde.

2. Incorporer le bacon ; ajuster l'assaisonnement au goût. Servir avec du pain croûté ou des fruits et des légumes pour faire trempette.

Donne environ 4 tasses

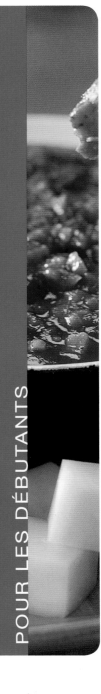

Caponata

1	aubergine moyenne (env. 450 g – 1 lb), pelée et coupée en morceaux de 1,5 cm (½ po)
1	boîte (env. 415 ml – 14 oz) de tomates italiennes en dés
1	oignon moyen, émincé
1	poivron rouge, coupé en morceaux de 1,5 cm (½ po)
½	tasse de salsa moyenne à piquante
¼	tasse d'huile d'olive extra vierge
2	cuillères à soupe de câpres égouttées
2	cuillères à soupe de vinaigre balsamique
3	gousses d'ail, finement hachées
1	cuillère à thé d'origan séché
¼	cuillère à thé de sel
⅓	tasse de basilic frais tassé, coupé en fines lamelles
	pain français ou italien tranché et grillé

1. Déposer dans la mijoteuse l'aubergine, les tomates, l'oignon, le poivron, la salsa, l'huile, les câpres, le vinaigre, l'ail, l'origan et le sel. Couvrir et cuire à BASSE température de 7 à 8 heures, ou jusqu'à ce que les légumes soient tendres mais croquants.

2. Incorporer le basilic. Servir à la température ambiante sur du pain grillé.

Donne environ 5 ¼ tasses

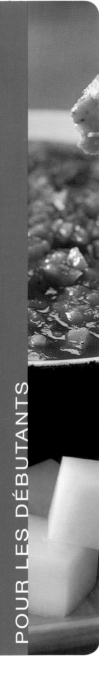

Boulettes de viande cocktail

450	g (1 lb) de bœuf haché
450	g (1 lb) de chair de saucisse italienne ou de porc
1	tasse de chapelure de craquelins
1	tasse d'oignon, finement haché
1	tasse de poivron vert, finement haché
½	tasse de lait
1	œuf battu
2	cuillères à thé de sel
1	cuillère à thé d'assaisonnement à l'italienne séché

¼	cuillère à thé de poivre noir
1	tasse de ketchup
¾	de tasse de cassonade bien tassée
½	tasse de beurre ou de margarine
½	tasse de vinaigre
¼	tasse de jus de citron
¼	tasse d'eau
1	cuillère à thé de moutarde préparée
¼	cuillère à thé de sel d'ail

1. Préchauffer le four à 180 °C (350 °F). Dans un bol, mettre le bœuf, la chair de saucisse, la chapelure de craquelins, l'oignon, le poivron, le lait, l'œuf, le sel, l'assaisonnement à l'italienne et le poivre noir ; bien mélanger. Avec ce mélange, façonner des boulettes de 2,5 cm (1 po) de diamètre. Déposer les boulettes sur deux plaques à pâtisserie antiadhésives. Faire cuire pendant 25 minutes, ou jusqu'à ce qu'elles soient légèrement dorées.

2. Pendant ce temps, déposer dans la mijoteuse le ketchup, la cassonade, le beurre, le vinaigre, le jus de citron, l'eau, la moutarde et le sel d'ail ; bien mélanger. Couvrir et cuire à température ÉLEVÉE jusqu'à ce que le mélange soit bien chaud.

3. Transvider les boulettes dans la mijoteuse ; remuer pour bien les enrober de sauce. Réduire à BASSE température. Couvrir et cuire pendant 2 heures.

Donne 12 portions

Vin chaud

2	bouteilles (375 ml – 12 oz chacune) de vin rouge sec (par exemple, un Cabernet sauvignon)
1	tasse de sirop de maïs léger
1	tasse d'eau
1	carré (20 cm – 8 po) de coton à fromage double épaisseur
	zeste d'une grosse orange
1	bâtonnet de cannelle cassé en deux
8	clous de girofle entiers
1	noix de muscade entière

1. Dans la mijoteuse, mettre le vin, le sirop de maïs et l'eau.

2. Rincer le coton à fromage et en exprimer l'eau. Sur le coton à fromage, déposer le zeste d'orange, la cannelle, les clous de girofle et la muscade. Fermer en un petit sachet à l'aide d'une ficelle de coton ou d'une languette de coton à fromage. Ajouter dans la mijoteuse. Couvrir et cuire à température ÉLEVÉE de 2 h à 2 h 30.

3. Retirer le sac d'épices et le jeter. Verser le vin chaud dans des tasses. Décorer au goût.

Donne 12 portions

Le coton à fromage est une toile de coton blanc naturel offerte en différents tissages – de très fins à grossiers. On le trouve normalement dans la plupart des supermarchés et des boutiques de produits pour la cuisine.

Fondue pizza

225 g (½ lb) de chair de saucisse italienne

1   tasse d'oignon émincé

2   pots (770 ml – 26 oz chacun) de sauce pour pâtes sans viande

½   tasse de jambon en tranches minces, finement émincé

1   paquet (90 g – 3 oz) de pepperoni tranché, finement émincé

¼   cuillère à thé de flocons de piment

450 g (1 lb) de mozzarella coupée en cubes de 2 cm (¾ po)

1   miche de pain italien ou français, coupée en cubes de 2,5 cm (1 po)

1. Dans une grande poêle, faire cuire l'oignon et la saucisse à feu moyen-élevé jusqu'à ce que la saucisse soit dorée, en remuant souvent pour défaire la chair en morceaux. Égoutter le gras.

2. Ajouter le mélange de saucisse dans la mijoteuse. Incorporer la sauce pour pâtes, le jambon, le pepperoni et les flocons de piment. Couvrir et cuire à BASSE température pendant 3 à 4 heures.

3. Servir la fondue avec des cubes de fromage et de pain.

Donne 20 à 25 portions

Relish au poivron rouge

2	gros poivrons rouges, coupés en fines languettes
1	petit oignon sucré, finement émincé
3	cuillères à soupe de vinaigre de cidre
2	cuillères à soupe de cassonade pâle bien tassée
1	cuillère à soupe d'huile végétale
1	cuillère à soupe de miel
¼	cuillère à thé de sel
¼	cuillère à thé de thym séché
¼	cuillère à thé de flocons de piment
¼	cuillère à thé de poivre noir

Combiner tous les ingrédients dans la mijoteuse ; bien mélanger. Couvrir et cuire à BASSE température pendant 4 heures.

Donne 4 portions

Découvrez la douce saveur sucrée *de cette relish. Servez-la sur des tranches de pain italien ou français grillées sur lesquelles vous aurez préalablement versé un trait d'huile d'olive.*

Ailes de poulet à l'orientale

32	ailes de poulet
1	tasse d'oignon rouge, coupé en morceaux
1	tasse de sauce soya
¾	tasse de cassonade pâle bien tassée
¼	tasse de sherry sec pour la cuisson
2	cuillères à soupe de gingembre frais, haché
2	gousses d'ail, finement hachées
	ciboulette fraîche, hachée (facultatif)

1. Préchauffer la rôtissoire. Faire griller les morceaux de poulet environ 5 minutes chaque côté et déposer dans la mijoteuse.

2. Dans un grand bol, mettre l'oignon, la sauce soya, la cassonade, le sherry, le gingembre et l'ail. Ajouter au contenu de la mijoteuse et remuer pour bien mélanger.

3. Couvrir et cuire à BASSE température de 5 à 6 heures, ou à température ÉLEVÉE de 2 à 3 heures. Parsemer de ciboulette.

Donne 32 hors-d'œuvre

Thé épicé aux agrumes

4	sachets de thé
	zeste d'une orange
4	tasses d'eau bouillante
2	boîtes (180 ml – 6 oz chacune) de jus d'orange et ananas
3	cuillères à soupe de miel
3	morceaux d'anis étoilé
3	bâtons de cannelle
	fraises, framboises ou kiwis frais (facultatif)

1. Déposer les sachets de thé et le zeste d'orange dans la cocotte de la mijoteuse. Verser l'eau bouillante. Couvrir et laisser infuser pendant 10 minutes. Jeter les sachets de thé et le zeste d'orange.

2. Ajouter le reste des ingrédients, à l'exception des fruits frais. Couvrir et cuire à BASSE température pendant 3 heures.

3. Décorer de fraises, de framboises ou de tranches de kiwis.

Donne 6 portions

L'anis étoilé est une gousse brun foncé en forme d'étoile dont la saveur est légèrement plus amère que celle de la graine d'anis. On trouve l'anis étoilé dans plusieurs supermarchés, et encore plus facilement dans les épiceries asiatiques. Il est souvent utilisé pour agrémenter les thés, les liqueurs et les aliments cuits au four.

Saucisses Bratwurst à la bière

680　g (1 ½ lb) de saucisses bratwurst (env. 5 ou 6 chapelets)

1　bouteille (375 ml – 12 oz) de bière (ale) rousse

1　oignon moyen, émincé

2　cuillères à soupe de cassonade tassée

2　cuillères à soupe de vin rouge ou de vinaigre de cidre

moutarde de Dijon

pain de seigle pour cocktail

1. Dans la mijoteuse, mettre les saucisses bratwurst, la bière, l'oignon, la cassonade et le vinaigre. Couvrir et cuire à BASSE température pendant 4 à 5 heures.

2. Retirer les saucisses et les tranches d'oignon de la mijoteuse. Couper les saucisses en tranches de 1,5 cm (½ po) d'épaisseur. Pour créer de mini sandwichs ouverts, tartiner des tranches de pain de seigle de moutarde. Garnir de tranches de saucisse et d'oignon, au goût.

Donne 30 à 36 hors-d'œuvre

Astuce : *choisissez une bière au goût léger pour la cuisson des saucisses. Les bières trop franches peuvent donner un goût légèrement amer à la viande.*

Rondelles de saucisse sucrées et piquantes

450 g (1 lb) de saucisse kolbassa coupée en rondelles de 6 mm (¼ po) d'épaisseur

⅔ tasse de confiture de mûres

⅓ tasse de sauce à steak

1 cuillère à soupe de moutarde préparée

½ cuillère à thé de quatre-épices moulu

1. Déposer tous les ingrédients dans la mijoteuse ; remuer pour bien enrober les saucisses. Cuire à température ÉLEVÉE pendant 3 heures, ou jusqu'à ce que la saucisse soit richement glacée.

2. Servir avec des piques à cocktail décoratifs.

Donne 3 tasses

Ces délicieuses rondelles de saucisse *peuvent aussi se transformer en repas. Servez-les sur du riz auquel vous aurez ajouté de l'oignon vert haché.*

Trempette à la saucisse

450 g (1 lb) de chair de saucisse de porc

500 ml (16 oz) de tartinade de fromage fondu pasteurisé

500 ml (16 oz) de tartinade de fromage fondu pasteurisé à saveur mexicaine

1 boîte (500 ml – 16 oz) de haricots frits

1 boîte (320 ml – 10 ¾ oz) de crème de champignons concentrée non diluée

1 petit oignon, émincé

croustilles tortilla

1. Dans une grande poêle, faire cuire la saucisse à feu moyen-élevé jusqu'à ce qu'elle soit dorée, en remuant souvent pour défaire la chair en morceaux. Égoutter le gras. Déposer la saucisse dans la mijoteuse.

2. Ajouter le reste des ingrédients, à l'exception des croustilles tortilla. Couvrir et cuire pendant 2 heures à BASSE température, ou jusqu'à ce que la préparation soit bien chaude.

3. Servir la trempette avec des croustilles tortilla.

Donne 20 portions

Les formats de mijoteuse varient de 1,7 à 7,4 litres (1 à 6 ½ pintes). Le plus petit format permet de préparer une à deux portions, alors que le plus gros en fait mijoter de six à huit. La plupart des recettes de ce livre doivent être exécutées dans des mijoteuses de 2,8, 3,4 ou 4 litres (2 ½, 3 ou 3 ½ pintes). Pour obtenir les meilleurs résultats, soit une cuisson uniforme et un bon degré d'humidité, remplissez la mijoteuse au moins jusqu'à la moitié, mais pas plus qu'aux trois quarts de sa capacité.

POUR LES DÉBUTANTS

Trempette à l'abricot et au brie

½   tasse d'abricots séchés, finement hachés

⅓   tasse plus 1 cuillère à soupe de confiture d'abricots, répartie

¼   tasse de jus de pomme

1   brie (900 g – 2 lb) sans la croûte, coupé en cubes

biscottes, craquelins ou crudités pour faire trempette

1. Dans une mijoteuse de 4 à 4,5 litres (3 ½ à 4 pintes), mélanger les abricots séchés, ⅓ de tasse de confiture d'abricots et le jus de pomme. Couvrir et cuire à température ÉLEVÉE pendant 40 minutes.

2. Incorporer le brie et cuire de 30 à 40 minutes de plus, ou jusqu'à ce qu'il soit fondu. Incorporer la dernière cuillère à soupe de confiture d'abricots en remuant. Régler la mijoteuse à BASSE température et servir avec des biscottes, des craquelins ou des crudités.

Donne 3 tasses
Temps de préparation : *10 minutes*
Temps de cuisson : *1 h 10 à 1 h 50 (à température ÉLEVÉE)*

Chorizo et queso fundido

2	saucisses chorizo fumées (env. 100 g – 3 ½ oz au total), finement hachées*
250	g (8 oz) de fromage monterey jack en cubes
250	g (8 oz) de fromage à la crème en cubes
250	g (8 oz) de fromage en cubes
250	g (8 oz) de cheddar en cubes
1	cuillère à soupe de sauce Worcestershire
	croustilles tortilla

Dans une mijoteuse de 4 à 4,5 litres (3 ½ à 4 pintes), combiner le chorizo, les différents fromages et la sauce Worcestershire. Couvrir et cuire à température ÉLEVÉE pendant 1 h à 1 h 30, jusqu'à ce que le fromage soit très mou. Fouetter pour bien mélanger, et garder chaud à BASSE température ou au réglage réchaud. Servir avec des croustilles tortilla.

Donne 8 à 12 portions
Temps de préparation : *10 minutes*
Temps de cuisson : *1 h à 1 h 30 (température ÉLEVÉE)*

Astuce : en français, l'expression espagnole « queso fundido » signifie fromage fondu. Pour obtenir un goût plus authentique, remplacez en partie les fromages par des fromages mexicains comme le queso fresco, le chihuahua ou le cotija.

* Il existe principalement deux styles de saucisses chorizo vendus dans la plupart des supermarchés. Le style mexicain n'est pas fumé et est normalement vendu en paquets de 250 ou 450 g (½ ou 1 lb) au réfrigérateur. De son côté, le style espagnol est fumé et vendu en chapelets de différents formats.

Mini sandwichs au bifteck à la suisse

2	cuillères à soupe de farine tout usage		1	gousse d'ail, tranchée
¼	cuillère à thé de sel		1	tasse de tomates étuvées
¼	cuillère à thé de poivre noir		¾	tasse de consommé de bœuf concentré non dilué
800	g (1 ¾ lb) de bœuf désossé dans l'épaule, en steaks d'environ 2,5 cm (1 po) d'épaisseur		2	cuillères à thé de sauce Worcestershire
2	cuillères à soupe d'huile végétale		1	feuille de laurier
1	oignon moyen, émincé		2	cuillères à soupe de fécule de maïs
1	poivron vert, évidé, épépiné et coupé en languettes		2	paquets (360 g – 12 oz chacun) de petits pains de style hawaïen

1. Enduire la cocotte d'une mijoteuse de 5,7 litres (5 pintes) d'aérosol de cuisson antiadhésif. Dans un grand sac refermable pour aliments, combiner la farine, le sel et le poivre. Ajoutez le steak et bien remuer pour l'enrober.

2. Faire chauffer l'huile à feu élevé dans une grande poêle. Ajouter le steak et faire dorer des deux côtés. Déposer dans la mijoteuse.

3. Dans la poêle, ajouter l'oignon et le poivron. Faire cuire en remuant à feu moyen élevé pendant 3 à 4 minutes, ou jusqu'à ce qu'ils aient légèrement amolli. Ajouter l'ail. Faire cuire et remuer pendant 30 secondes de plus. Verser le mélange sur le steak.

4. Ajouter les tomates, le consommé, la sauce Worcestershire et la feuille de laurier. Couvrir et cuire pendant 3 h 30 à température ÉLEVÉE, ou jusqu'à ce que le steak soit tendre. Déposer le steak sur une planche à découper. Retirer et jeter la feuille de laurier.

5. Dans un petit bol, mélanger la fécule de maïs à 2 cuillères à soupe de jus de cuisson jusqu'à l'obtention d'une consistance lisse. Incorporer au jus de cuisson dans la mijoteuse, et poursuivre la cuisson pendant 10 minutes, ou jusqu'à épaississement.

6. Trancher finement le steak dans le sens contraire au grain pour qu'il s'effiloche. Remettre dans la mijoteuse. Ajouter du sel et du poivre au goût. Mélanger bien. Pour servir, couper les petits pains en deux et y déposer le mélange à base de steak à l'aide d'une cuillère.

Donne 16 à 18 sandwichs
Temps de préparation : *15 minutes*
Temps de cuisson : *3 h 30 (à température ÉLEVÉE)*

Ailes de poulet épicées à la marocaine

¼	tasse de jus d'orange
3	cuillères à soupe de pâte de tomates
2	cuillères à thé de cumin moulu
1	cuillère à thé de poudre de cari
1	cuillère à thé de curcuma moulu
½	cuillère à thé de cannelle moulue
½	cuillère à thé de gingembre moulu
1	cuillère à thé de sel
1	cuillère à soupe d'huile d'olive
2,5	kg (5 lb) d'ailes de poulet, sans l'extrémité, coupées à l'articulation

1. Mélanger dans un grand bol, le jus d'orange, la pâte de tomates, le cumin, le cari, le curcuma, la cannelle, le gingembre et le sel. Réserver.

2. Dans une grande poêle antiadhésive, faire chauffer l'huile à feu moyen. Ajouter les ailes de poulet et faire dorer, quelques-unes à la fois, pendant environ 6 minutes. Au fur et à mesure qu'elles sont cuites, déposer les ailes de poulet dans le bol avec la sauce. Une fois toutes les ailes cuites, remuer pour bien les enrober de sauce.

3. Déposer les ailes dans une mijoteuse de 5 litres (4 ½ pintes). Couvrir et cuire à BASSE température de 6 à 7 heures, ou à température ÉLEVÉE de 3 h à 3 h 30, ou jusqu'à ce qu'elles soient tendres.

Donne 8 portions
Temps de préparation : *20 minutes*
Temps de cuisson : *6 à 7 heures (BASSE température) ou 3 h à 3 h 30 (température ÉLEVÉE)*

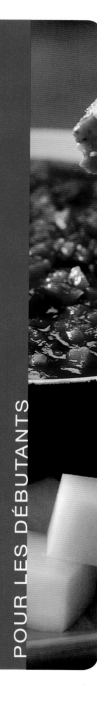

Boulettes glacées à la framboise et au vinaigre balsamique

1	paquet (960 g – 34 oz) de boulettes de viande entièrement cuites et congelées
1	tasse de confiture de framboises
3	cuillères à soupe de sucre
3	cuillères à soupe de vinaigre balsamique
1½	cuillère à soupe de sauce Worcestershire
¼	cuillère à thé de flocons de piment
1	cuillère à soupe de gingembre frais, râpé (facultatif)

1. Enduire la cocotte de la mijoteuse d'aérosol de cuisson antiadhésif. Ajouter les boulettes congelées. Réserver.

2. Mélanger la confiture, le sucre, le vinaigre, la sauce Worcestershire et les flocons de piment dans un petit bol pouvant aller au four à micro-ondes. Chauffer au four à micro-ondes à température ÉLEVÉE (100 %) pendant 45 secondes. Mélanger et remettre au four à micro-ondes pendant 15 secondes de plus, ou jusqu'à ce que le tout soit fondu (le mélange sera consistant). Réserver ½ tasse du mélange. Verser le mélange sur les boulettes de viande et remuer doucement pour bien les enrober. Couvrir et cuire à BASSE température pendant 5 heures, ou à température ÉLEVÉE pendant 2 h 30.

3. Régler la mijoteuse à la température ÉLEVÉE. Incorporer le gingembre, puis réserver ½ tasse du mélange à base de confiture. Cuire à découvert pendant 15 à 20 minutes, ou jusqu'à ce que le mélange épaississe légèrement, en remuant à l'occasion.

Donne 72 boulettes
Temps de préparation : *5 minutes*
Temps de cuisson : *5 heures (BASSE température) ou 2 h 30 (température ÉLEVÉE)*

Suggestion de présentation : *pour servir comme plat principal, y incorporer des oignons verts hachés et servir sur un lit de riz chaud. Donne 8 portions en plat principal.*

Champignons farcis à la saucisse et à la bette à carde

2	paquets (170 g – 6 oz chacun) de petits champignons portobello ou de gros champignons à farcir
4	cuillères à thé d'huile d'olive extra vierge, réparties
½	cuillère à thé de sel, réparti
½	cuillère à thé de poivre noir, réparti
225	g (½ lb) de chair de saucisse de porc
½	oignon, finement haché

2	tasses de bette à carde, hachée et rincée
¼	cuillère à thé de thym séché
2	cuillères à soupe de chapelure à l'ail et aux herbes
1½	tasse de bouillon de poulet, réparti
2	cuillères à soupe de parmesan
2	cuillères à soupe de persil frais, haché

1. Enduire la cocotte d'une mijoteuse de 5,7 à 7 litres (5 à 6 pintes) d'aérosol de cuisson anti-adhésif. Nettoyer les champignons, en retirer les tiges et en évider les chapeaux. Badigeonner l'intérieur et l'extérieur des chapeaux de 3 cuillères à soupe d'huile. Assaisonner les champignons de ¼ de cuillère à thé de sel et de ¼ de cuillère à thé de poivre.

2. Chauffer le reste de l'huile dans une poêle de format moyen, sur un feu moyen. Ajouter la saucisse. Cuire en remuant jusqu'à ce qu'elle soit dorée. À l'aide d'une cuillère à rainures, déposer la saucisse dans un bol de taille moyenne. Ajouter l'oignon à la poêle. Cuire et remuer, tout en décollant les morceaux brunis, pendant environ 3 minutes, ou jusqu'à ce que l'oignon soit translucide. Incorporer la bette à carde et le thym. Cuire jusqu'à ce que la bette à carde soit à peine flétrie, environ 1 à 2 minutes.

3. Retirer la poêle du feu. Ajouter la saucisse, la chapelure, 1 cuillère à soupe de bouillon, ¼ de cuillère à thé de sel et ¼ de cuillère à thé de poivre. Mélanger bien. À l'aide d'une cuillère, déposer 1 cuillère à soupe de garniture dans chaque chapeau de champignon. Diviser uniformément le reste de la garniture parmi les champignons.

4. Verser le reste du bouillon dans la mijoteuse. Répartir les champignons farcis au fond. Couvrir et cuire pendant 3 heures à température ÉLEVÉE, ou jusqu'à ce que les champignons soient tendres. Pour servir, prendre les champignons à l'aide d'une cuillère à rainures ; jeter le liquide de cuisson. Mélanger le fromage et le persil, puis en saupoudrer les champignons.

Donne 6 à 8 portions

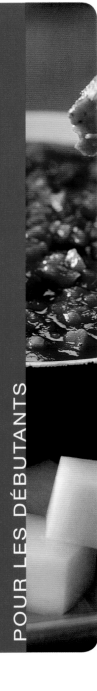

Ailes de poulet thaï

1	cuillère à soupe d'huile d'arachide
2,5	kg (5 lb) d'ailes de poulet, sans l'extrémité, coupées à l'articulation
½	tasse de lait de coco
1	cuillère à soupe de pâte de cari thaï verte
1	cuillère à soupe de fumet de poisson
1	cuillère à soupe de sucre
¾	tasse de sauce à l'arachide piquante du commerce

1. Dans une grande poêle antiadhésive, faire chauffer l'huile à feu moyen. Ajouter les ailes de poulet et faire dorer, quelques-unes à la fois, pendant environ 6 minutes. Au fur et à mesure qu'elles sont dorées, les déposer dans la mijoteuse.

2. Incorporer le lait de coco, la pâte de cari, le fumet de poisson et le sucre. Couvrir et cuire à BASSE température de 6 à 7 heures, ou à température ÉLEVÉE de 3 h à 3 h 30, ou jusqu'à ce qu'elles soient bien cuites. Égoutter le liquide de cuisson et incorporer la sauce aux arachides avant de servir.

Donne 8 portions
Temps de préparation : *20 minutes*
Temps de cuisson : *6 à 7 heures (BASSE température) ou 3 h à 3 h 30 (température ÉLEVÉE)*

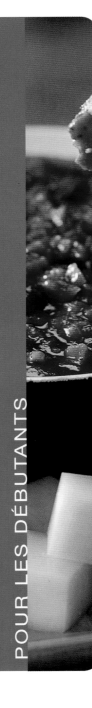

Boulettes de poulet thaï à la noix de coco

450	g (1 lb) de poulet haché
2	oignons verts (parties blanches et vertes), émincés
1	gousse d'ail, finement hachée
2	cuillères à thé d'huile de sésame grillé
1	cuillère à thé de fumet de poisson
2	cuillères à thé de mirin
1	cuillère à soupe d'huile de canola
½	tasse de lait de coco non sucré
¼	tasse de bouillon de poulet
1	cuillère à thé de pâte de cari rouge thaï
2	cuillères à thé de cassonade
2	cuillères à thé de jus de lime
1	cuillère à soupe de fécule de maïs
2	cuillères à soupe d'eau froide

1. Dans un grand bol, mettre le poulet, l'oignon vert, l'ail, l'huile de sésame, le fumet de poisson et le mirin. Bien mélanger et former en boulettes d'environ 4 cm (1 ½ po) de diamètre.

2. Dans une grande poêle antiadhésive, faire chauffer l'huile de canola à feu moyen-élevé. Ajouter les boulettes et faire cuire en les retournant pour qu'elles brunissent de tous les côtés. Déposer dans une mijoteuse de 5 litres (4 ½ pintes). Ajouter le lait de coco, le bouillon de poulet, la pâte de cari et le sucre. Couvrir et cuire à température ÉLEVÉE pendant 3 h 30 à 4 h. Incorporer le jus de lime.

3. Incorporer la fécule de maïs à l'eau froide et remuer jusqu'à l'obtention d'une pâte à consistance lisse. Incorporer plus d'eau, au besoin, afin d'obtenir la consistance d'une crème épaisse. Incorporer dans la mijoteuse. Cuire à découvert pendant 10 à 15 minutes, jusqu'à ce que la sauce ait légèrement épaissi et qu'elle enrobe uniformément les boulettes.

Donne 4 ou 5 portions
Temps de préparation : *30 minutes*
Temps de cuisson : *3 h 45 à 4 h 15 (à température ÉLEVÉE)*

Astuce : essayez de former des boulettes de taille identique. De cette façon, elles cuiront à la même vitesse et pourront toutes être cuites en même temps. Pour vous aider à former des boulettes de même taille, écrasez votre viande hachée en un rectangle uniforme, puis coupez à l'aide d'un couteau en rangées et colonnes de même format. Roulez ensuite chaque morceau en boulette.

Soupes et ragoûts réconfortants

Ragoût consistant de lentilles et de légumes-racines

1	tasse de lentilles rouges sèches, rincées et triées
1	tasse de navet, brossé et coupé en cubes de 2,5 cm (1 po)
1	oignon jaune moyen, coupé en quartiers de 1,5 cm (½ po)
2	carottes moyennes coupées en morceaux de 2,5 cm (1 po)
1	poivron rouge moyen, coupé en morceaux de 2,5 cm (1 po)
½	cuillère à thé de feuilles d'origan séché
⅛	cuillère à thé de flocons de piment
2	boîtes (415 ml – 14 oz chacune) de bouillon de poulet sans gras à teneur réduite en sel
1	cuillère à soupe d'huile d'olive extra vierge
½	cuillère à thé de sel
4	tranches de bacon cuit croustillant et émietté
½	tasse d'oignons verts, finement hachés

1. Dans une mijoteuse de 4 à 4,5 litres (3 ½ à 4 pintes), mélanger les lentilles, le navet, l'oignon, les carottes, le poivron, les feuilles d'origan, les flocons de piment et le bouillon. Couvrir et cuire à température ÉLEVÉE pendant 3 heures, ou à BASSE température pendant 6 heures.

2. Une fois les lentilles cuites, incorporer l'huile d'olive et le sel. Garnir chaque portion de miettes de bacon et d'oignons verts.

Donne 8 portions

Soupe campagnarde à la saucisse et aux haricots

2	boîtes (env. 415 ml – 14 oz chacune) de bouillon de poulet à teneur réduite en sel
1½	tasse d'eau chaude
1	tasse de haricots noirs secs, rincés et triés
1	tasse d'oignon jaune, émincé
2	feuilles de laurier
1	cuillère à thé de sucre
⅛	cuillère à thé de poivre rouge du moulin
170	g (6 oz) de saucisse de porc campagnarde à teneur réduite en gras
1	tasse de tomates, hachées
1	cuillère à soupe de poudre de chili
1	cuillère à soupe de sauce Worcestershire
2	cuillères à thé d'huile d'olive extra vierge
1½	cuillère à thé de cumin moulu
½	cuillère à thé de sel
¼	tasse de coriandre fraîche, hachée

1. Dans une mijoteuse de 4 à 4,5 litres (3 ½ à 4 pintes), mélanger le bouillon, les haricots, les feuilles de laurier, le sucre et le poivre rouge moulu. Égoutter le gras. Couvrir et cuire à température ÉLEVÉE pendant 4 heures, ou à BASSE température pendant 8 heures.

2. Faire chauffer l'huile à feu moyen-élevé dans une poêle antiadhésive de 25 cm (10 po). Enduire la poêle d'aérosol de cuisson. Ajouter la saucisse et cuire jusqu'à ce qu'elle commence à dorer en remuant pour défaire les gros morceaux. Égoutter le gras. Ajouter la saucisse au mélange à base de haricots dans la mijoteuse avec le reste des ingrédients, à l'exception de la coriandre. Couvrir et cuire à température ÉLEVÉE pendant 15 minutes. Garnir de coriandre avant de servir.

Donne 9 portions

Ragoût de poulet et de piments

450	g (1 lb) de cuisses de poulet désossées sans la peau, coupées en morceaux de 1,5 cm (½ po)
450	g (1 lb) de petites pommes de terre coupées en deux dans le sens de la longueur, puis en tranches dans l'autre sens
1	tasse d'oignon, émincé
2	piments poblanos*, épépinés et coupés en morceaux de 1,5 cm (½ po)
1	piment jalapeño*, épépiné et finement haché
3	gousses d'ail, finement hachées
3	tasses de bouillon de poulet sans gras à teneur réduite en sel
1	boîte (env. 415 ml – 14 oz) de tomates en dés sans sel ajouté
2	cuillères à soupe de poudre de chili
1	cuillère à thé d'origan séché

1. Déposer dans la mijoteuse le poulet, les pommes de terre, l'oignon, les piments poblanos et jalapeño, puis l'ail.

2. Dans un grand bol, mélanger le bouillon, les tomates, la poudre de chili et l'origan. Verser le mélange de bouillon sur le poulet; bien remuer. Couvrir et cuire à BASSE température pendant 8 à 9 heures.

Donne 6 portions

* Les piments peuvent piquer et irriter la peau. Portez des gants de caoutchouc lorsque vous les manipulez et ne touchez pas à vos yeux. Lavez vos mains après la manipulation.

Soupe consistante aux lentilles et à l'orge

225	g (½ lb) de saucisse fumée, coupée en rondelles de 1,5 cm (½ po) d'épaisseur
1	boîte (env. 415 ml – 14 oz) de tomates en dés avec poivron vert, céleri et oignon
¾	tasse de lentilles brunes ou rouges sèches, rincées et triées
½	tasse d'orge perlé moyen, non cuit
¼	tasse de tomates séchées au soleil, coupées en morceaux
5	à 6 tasses d'eau
2	cuillères à soupe de flocons de légumes séchés, de légumes feuilles pour soupe ou de légumes déshydratés

1	cuillère à soupe d'oignon déshydraté
2	cuillères à thé de bouillon de poulet en poudre
1	cuillère à thé d'origan séché
½	cuillère à thé d'ail séché émincé
½	cuillère à thé de poivre noir
⅛	cuillère à thé de flocons de piment (facultatif)
	poivre au citron

1. Dans la mijoteuse, mélanger tous les ingrédients, à l'exception du poivre au citron. Couvrir et cuire à BASSE température pendant 6 à 8 heures.

2. Ajouter de l'eau, au besoin, ½ tasse à la fois, afin d'obtenir la consistance souhaitée. Assaisonner au goût de poivre au citron.

Donne 10 à 12 portions

Note : les flocons de légumes et les légumes déshydratés pour soupe sont offerts dans la section des épices des supermarchés. Si ces produits ne sont pas offerts, demandez à votre épicier de les commander. Les flocons de légumes déshydratés (poivrons, carottes, etc.) sont aussi souvent offerts en vrac dans les magasins d'aliments naturels et en vrac.

Soupe au riz sauvage et au poulet à la mijoteuse

450 g (1 lb) de poitrines de poulet désossées sans la peau, coupées en cubes

½ tasse de riz sauvage, non cuit et bien rincé

2 carottes moyennes, pelées et râpées

2 tiges de céleri, finement tranchées

1 gros oignon jaune, haché

5½ tasses d'eau

2 cuillères à soupe de bouillon de poulet

1 tasse de crème à fouetter épaisse

2 cuillères à soupe de farine tout usage

amandes émincées, pour décorer

Dans une mijoteuse de 7 litres (6 pintes), mélanger tous les ingrédients à l'exception de la crème, de la farine et des amandes. Couvrir et cuire à BASSE température pendant 4 heures ou jusqu'à ce que le poulet soit bien cuit et que le riz soit tendre. Tout juste avant de servir, mélanger la crème et la farine. Incorporer lentement le mélange à base de crème à la soupe. Cuire en remuant sans arrêt pendant 5 minutes ou jusqu'à ce que le mélange ait légèrement épaissi. Verser dans des bols et décorer d'amandes.

Donne 6 à 8 portions
Temps de préparation : 15 minutes
Temps total : 4 h 20

Soupe aux pois cassés jaunes et verts

5	à 6 tasses d'eau
1	ou 2 jarrets de porc fumés (ou 1 os à jambon bien charnu)
¾	tasse de pois cassés verts secs, rincés et triés
¾	tasse de pois cassés jaunes secs, rincés et triés
1	paquet de légumes déshydratés pour soupes et trempettes
1	cuillère à thé de bouillon de poulet en poudre
½	cuillère à thé de poivre au citron
1	feuille de laurier

1. Dans la mijoteuse, mélanger l'eau, le jarret de porc, les pois, le mélange de légumes déshydratés, le bouillon en poudre, le poivre au citron et la feuille de laurier. Couvrir et cuire à BASSE température de 4 à 5 heures ou jusqu'à ce que les pois soient tendres.

2. Retirer et jeter la feuille de laurier. Retirer le jarret de porc, en enlever la peau et couper la chair en morceaux. Remettre la viande dans la mijoteuse et remuer. Bien chauffer.

Donne 4 ou 5 portions

SOUPES ET RAGOÛTS RÉCONFORTANTS

Bortsch russe

4	tasses de chou vert, finement tranché
680	g (1 ½ lb) de betteraves fraîches, râpées
5	petites carottes, coupées en deux dans le sens de la longueur, puis coupées en morceaux de 2,5 cm (1 po)
1	panais coupé en deux dans le sens de la longueur, puis en morceaux de 2,5 cm (1 po)
1	tasse d'oignon, émincé
4	gousses d'ail, finement hachées
450	g (1 lb) de bœuf à ragoût en cubes de 1,5 cm (½ po)
1	boîte (env. 415 ml – 14 oz) de tomates en dés
3	boîtes (env. 415 ml – 14 oz chacune) de bouillon de bœuf à teneur réduite en sel
¼	tasse de jus de citron
1	cuillère à soupe de sucre
1	cuillère à thé de poivre noir
	crème sure (facultatif)
	persil frais (facultatif)

1. Déposer les ingrédients dans la mijoteuse, dans l'ordre suivant : chou, betterave, carotte, panais, oignon, ail, bœuf, tomates, bouillon, jus de citron, sucre et poivre. Couvrir et cuire à BASSE température de 7 à 9 heures, ou jusqu'à ce que les légumes soient tendres, mais croquants.

2. Assaisonner, au goût, de plus de jus de citron et de sucre. Ajouter une ou deux cuillères de crème sure et saupoudrer de persil.

Donne 12 portions

Ragoût de patate douce

1	**tasse d'oignon jaune, haché**
1	**tasse de céleri, coupé en petits morceaux**
1	**tasse de patates douces, pelées et râpées**
1	**tasse de bouillon de poulet à faible teneur en sel (ou d'eau)**
2	**tranches de bacon, cuit croustillant et émietté**
1	**tasse de crème à 10 %**
	poivre noir
¼	**tasse de persil, haché**

1. Dans la mijoteuse, déposer l'oignon, le céleri, la patate douce, le bouillon et le bacon. Couvrir et cuire à BASSE température pendant 6 heures.

2. Augmenter le réglage à température ÉLEVÉE. Ajouter juste assez de crème pour donner au ragoût la consistance souhaitée. Ajouter davantage d'eau au besoin. Cuire pendant 30 minutes à température ÉLEVÉE ou jusqu'à ce que les aliments soient chauds.

3. Poivrer au goût. Incorporer le persil et servir.

Donne 4 portions

Pour empêcher le caillage, *toujours ajouter les produits laitiers (comme la crème à 10 % de cette recette) à la mijoteuse vers la fin du temps de cuisson, idéalement pendant les 15 à 30 dernières minutes.*

Ragoût de bœuf facile

680 à 900 g (1 ½ à 2 lb) de bœuf pour ragoût

4 pommes de terre moyennes, en cubes

4 carottes, coupées en morceaux de 4 cm (1 ½ po) ou 4 tasses de mini carottes

1 oignon moyen, coupé en 8 morceaux

2 boîtes (250 ml – 1 tasse chacune) de sauce tomate

1 cuillère à thé de sel

½ cuillère à thé de poivre noir

Mélanger tous les ingrédients dans la mijoteuse. Couvrir et cuire à BASSE température de 8 à 10 heures ou jusqu'à ce que les légumes soient tendres.

Donne 6 à 8 portions

Pour cuisiner un ragoût de bœuf *encore plus facile, coupez les ingrédients la veille. Rangez séparément au réfrigérateur la viande et les légumes.*

Soupe de bœuf à la mijoteuse

450	g (1 lb) de bœuf haché
4	tasses de jus de légumes et tomates
2	tasses de céleri, en dés
2	tasses de carottes, en dés
1	boîte (env. 415 ml – 14 oz) de tomates, en dés
1	paquet (360 g – 12 oz) de légumes mélangés congelés
1	tasse d'oignon, émincé
5	cuillères à soupe de bouillon de bœuf en poudre
¼	tasse de beurre ou de margarine
¼	tasse de farine tout usage

1. Dans une grande poêle, faire cuire le bœuf haché à feu moyen-élevé en remuant souvent pour défaire les morceaux. Égoutter le gras. Déposer le bœuf dans la mijoteuse.

2. Ajouter à la mijoteuse le jus, le céleri, les carottes, les tomates, les légumes mélangés, l'oignon et le bouillon. Couvrir et cuire à BASSE température pendant 8 à 10 heures.

3. Faire fondre le beurre dans une casserole moyenne à feu moyen. Y fouetter la farine pour l'incorporer, et cuire jusqu'à ce que le mélange bouillonne. Ajouter le mélange à base de farine dans la mijoteuse ; bien mélanger. Augmenter le réglage à température ÉLEVÉE. Avec le couvercle légèrement entrouvert, cuire à température ÉLEVÉE pendant 1 heure ou jusqu'à ce que la soupe épaississe.

Donne 4 portions

Bisque de chou-fleur crémeuse

450	g (1 lb) de fleurons de chou-fleur congelés
450	g (1 lb) de pommes de terre à bouillir, pelées et coupées en cubes de 2,5 cm (1 po)
1	tasse d'oignon jaune, émincé
2	boîtes (env. 415 ml – 14 oz chacune) de bouillon de poulet sans gras à teneur réduite en sel
½	cuillère à thé de thym séché
¼	cuillère à thé de poudre d'ail
⅛	cuillère à thé de poivre rouge moulu
1	tasse de lait condensé écrémé
2	cuillères à soupe de beurre
½	cuillère à thé de sel
¼	cuillère à thé de poivre noir grossièrement moulu
1	tasse de cheddar fort léger, râpé
¼	tasse de persil frais, finement haché
¼	tasse d'oignons verts, émincés

1. Dans une mijoteuse de 4 à 4,5 litres (3 ½ à 4 pintes), mélanger le chou-fleur, les pommes de terre, les oignons, le bouillon, le thym, la poudre d'ail et le poivre rouge moulu. Couvrir et cuire à température ÉLEVÉE pendant 4 heures ou à BASSE température pendant 8 h.

2. Verser la soupe au mélangeur par portions. Tenir fermement le couvercle et réduire en crème jusqu'à l'obtention d'une consistance lisse. Remettre la soupe dans la mijoteuse. Ajouter le lait, le beurre, le sel et le poivre noir, et mélanger jusqu'à ce que tous les ingrédients soient bien mélangés.

3. Garnir chaque portion de fromage, de persil et d'oignons verts.

Donne 9 portions

Ragoût de bœuf à la mélasse et aux raisins secs

⅓	tasse de farine tout usage	2	cuillères à soupe de vinaigre de cidre
2	cuillères à thé de sel, réparti	4	gousses d'ail, finement hachées
1½	cuillère à thé de poivre noir, réparti	2	cuillères à thé de thym séché
900	g (2 lb) de rôti de palette de bœuf, désossé et coupé en morceaux de 4 cm (1½ po)	1	cuillère à thé de sel de céleri
5	cuillères à soupe d'huile, réparti	1	feuille de laurier
2	oignons moyens, émincés	1	petit paquet (225 g – 8 oz) de mini carottes, coupées en deux dans le sens de la longueur
1	boîte (900 ml – 28 oz) de tomates en dés égouttées	2	panais, coupés en dés
1	tasse de bouillon de bœuf	½	tasse de raisins secs dorés
3	cuillères à soupe de mélasse		

1. Dans un grand bol, mélanger la farine, 1½ cuillère à thé de sel et 1 cuillère à thé de poivre. Mêler le bœuf dans le mélange à base de farine. Dans une grande poêle ou dans une cocotte, faire chauffer 2 cuillères à soupe d'huile à feu moyen-élevé. Ajouter la moitié du bœuf ; dorer de tous les côtés. Retirer le bœuf doré et réserver. Répéter avec les 2 autres cuillères à soupe d'huile et le reste du bœuf.

2. Ajouter la dernière cuillère à soupe d'huile dans la poêle. Ajouter l'oignon, puis faire cuire en remuant pour détacher les particules grillées qui ont adhéré au fond pendant environ 5 minutes. Ajouter les tomates, le bouillon, la mélasse, le vinaigre, l'ail, le thym, le sel de céleri, la feuille de laurier, l'autre ½ cuillère à thé de sel et l'autre ½ cuillère à thé de poivre. Amener à ébullition. Ajouter le bœuf doré et faire bouillir pendant une minute.

3. Transvider le mélange dans la mijoteuse. Couvrir et cuire à BASSE température pendant 5 heures, ou à température ÉLEVÉE pendant 2 h 30. Ajouter les carottes, les panais et les raisins secs. Cuire de 1 à 2 heures ou jusqu'à ce que les légumes soient tendres. Retirer et jeter la feuille de laurier.

Donne 6 à 8 portions

Soupe consistante aux champignons et à l'orge

9	tasses de bouillon de poulet
1	paquet (455 g – 16 oz) de champignons frais, tranchés
1	gros oignon, haché
2	carottes, en petits morceaux
2	tiges de céleri, coupées en petits morceaux
½	tasse d'orge perlé, non cuit
15	g (½ oz) de champignons porcinis séchés
3	gousses d'ail, finement hachées
1	cuillère à thé de sel
½	cuillère à thé de thym séché
½	cuillère à thé de poivre noir

Déposer tous les ingrédients dans la mijoteuse et bien mélanger. Couvrir et cuire à BASSE température pendant 4 à 6 heures.

Donne 8 à 10 portions

Variation : *pour ajouter encore plus de saveur, ajoutez un os de bœuf ou de jambon au reste des ingrédients.*

Ragoût de porc au poivron et à l'ananas

4	côtelettes de porc de contre-filet coupées en cubes de 2,5 cm (1 po)
4	carottes, tranchées
½	tasse de bouillon de poulet
3	cuillères à soupe de sauce teriyaki
1	cuillère à soupe de fécule de maïs
1	boîte (250 ml – 8 oz) de morceaux d'ananas, égouttés et jus réservé
1	poivron vert, épépiné et coupé en morceaux de 2,5 cm (1 po)

Dans une poêle bien chaude, faire dorer les cubes de porc (facultatif). Dans une mijoteuse de 4 litres (3 ½ pintes), mélanger le porc, les carottes, le bouillon et la sauce teriyaki. Couvrir et cuire à BASSE température pendant 7 à 8 heures. Mélanger la fécule de maïs et le jus d'ananas réservé ; incorporer au mélange à base de porc. Ajouter l'ananas et le poivron vert. Couvrir et cuire pendant 15 minutes ou jusqu'à ce que la sauce ait épaissi et bouillonne.

Donne 4 portions

Soupe aux tomates grillées et au basilic

2	boîtes (900 ml – 28 oz chacune) de tomates entières, égouttées et le jus réservé (env. 3 tasses de jus)
2½	cuillères à soupe de cassonade foncée, tassée
1	oignon moyen, émincé
3	tasses de bouillon de poulet
3	cuillères à soupe de pâte de tomates
¼	cuillère à thé de quatre-épices moulu
1	boîte (160 ml – 5 oz) de lait évaporé
¼	tasse de feuilles de basilic frais, émincées (env. 10 grandes feuilles)
	sel et poivre noir

1. Préchauffer le four à 230 °C (450 °F). Recouvrir une plaque de cuisson de papier d'aluminium et vaporiser d'aérosol de cuisson antiadhésif. Répartir les tomates en une seule couche sur le papier d'aluminium. Saupoudrer de cassonade et garnir d'oignon. Cuire de 25 à 30 minutes ou jusqu'à ce que les tomates semblent sèches et légèrement grillées. Laisser les tomates refroidir un peu et les hacher finement.

2. Déposer dans la mijoteuse les tomates, les 3 tasses du jus des tomates réservé, le bouillon de poulet, la pâte de tomates et le quatre-épices ; bien mélanger. Couvrir et cuire à température ÉLEVÉE pendant 4 heures, ou à BASSE température pendant 8 heures.

3. Ajouter le lait évaporé et le basilic, puis saler et poivrer. Cuire pendant 30 minutes à température ÉLEVÉE ou jusqu'à ce que la soupe soit chaude. Décorer au goût.

Donne 6 portions

Soupe aux pommes de terre et au cheddar

900	g (2 lb) de pommes de terre rouges, pelées et coupées en cubes de 4 cm (½ po)
¾	tasse de carottes, grossièrement hachées
1	oignon moyen, grossièrement haché
3	tasses de bouillon de poulet
½	cuillère à thé de sel
1	tasse de crème à 10 %
¼	cuillère à thé de poivre noir
2	tasses de cheddar râpé

1. Dans la mijoteuse, déposer les pommes de terre, les carottes, l'oignon, le bouillon et le sel. Couvrir et cuire à BASSE température de 6 à 7 heures, ou à température ÉLEVÉE de 3 h à 3 h 30, ou jusqu'à ce que les légumes soient tendres.

2. Incorporer la crème et le poivre. Couvrir et cuire à température ÉLEVÉE pendant 15 minutes. Éteindre la mijoteuse et retirer le couvercle ; laisser reposer pendant 5 minutes. Incorporer le fromage en remuant jusqu'à ce qu'il soit fondu.

Donne 6 portions

Suggestion de présentation : servez cette soupe garnie de croûtons de blé entier.

Ne retirez pas le couvercle ! Une mijoteuse peut avoir besoin de près de 30 minutes pour retrouver la chaleur perdue, une fois qu'on en retire le couvercle. Retirez le couvercle uniquement lorsque les instructions de la recette vous l'indiquent.

Le meilleur chili de tous les temps

680	g (1 ½ lb) de bœuf haché
1	tasse d'oignon émincé
2	boîtes (env. 445 ml – 15 oz chacune) de haricots rouges, 1 tasse de jus réservé
680	g (1 ½ lb) de tomates italiennes, coupées en dés
1	boîte (445 ml – 15 oz) de pâte de tomates
3	à 6 cuillères à soupe de poudre de chili

1. Dans une grande poêle, faire cuire l'oignon et le bœuf à feu moyen-élevé en remuant souvent pour défaire les morceaux, pendant 10 minutes ou jusqu'à ce que la viande ne soit plus rose. Égoutter le gras. Transvider le bœuf dans la mijoteuse.

2. Ajouter à la mijoteuse les haricots rouges, les tomates, la pâte de tomates, le jus des haricots réservé et la poudre de chili ; bien mélanger. Couvrir et cuire à BASSE température de 10 à 12 heures ou jusqu'à ce que les tomates soient complètement amollies.

Donne 8 portions

Ragoût de bœuf

450	g (1 lb) de pommes de terre, coupées en cubes de 2,5 cm (1 po)
450	g (1 lb) de mini carottes
1	gros oignon, haché, *ou* 1 paquet (285 g – 10 oz) de pois et de petits oignons blancs congelés
900	g (2 lb) de bœuf pour ragoût
1	boîte (320 ml – 10 ¾ oz) de crème de champignon concentrée non diluée
1	boîte (320 ml – 10 ¾ oz) de soupe à l'oignon française concentrée non diluée

Déposer les pommes de terre au fond de la mijoteuse et garnir de mini carottes et d'oignon. Ajouter la viande. Verser les deux soupes. Couvrir et cuire à BASSE température pendant 8 à 10 heures.

Donne 8 portions

Le meilleur ragoût de bœuf au monde

½	tasse plus 2 cuillères à soupe de farine tout usage, réparties
2	cuillères à thé de sel
1	cuillère à thé de poivre noir
1,5	kg (3 lb) de bœuf à ragoût en cubes de 2,5 cm (1 po)
1	boîte (env. 415 ml – 14 oz) de tomates en dés
3	pommes de terre, pelées et coupées en dés
225	g (½ lb) de saucisse fumée, tranchée
1	tasse de poireaux, émincés
1	tasse d'oignon, émincé
4	tiges de céleri, tranchées
½	tasse de bouillon de poulet
3	gousses d'ail, finement hachées
1	cuillère à thé de thym séché
3	cuillères à soupe d'eau

1. Dans un grand sac refermable pour aliments, mélanger ½ tasse de farine, le sel et le poivre. Ajouter le bœuf et agiter pour bien enrober tous les morceaux. Déposer le bœuf dans la mijoteuse. Ajouter le reste des ingrédients, à l'exception des 2 cuillères à soupe de farine et l'eau. Bien mélanger.

2. Couvrir et cuire à BASSE température de 8 à 12 heures, ou à température ÉLEVÉE de 4 à 6 heures.

3. Une heure avant de servir, régler à température ÉLEVÉE. Mélanger les 2 cuillères à soupe de farine et l'eau dans un petit bol et mélanger, jusqu'à ce que le mélange devienne une pâte. Incorporer au contenu de la mijoteuse et bien mélanger. Couvrir et cuire jusqu'à épaississement.

Donne 8 portions

Soupe aux boulettes d'agneau et aux légumineuses

450	g (1 lb) d'agneau haché
¼	tasse d'oignon émincé
1	gousse d'ail, finement hachée
1	cuillère à thé de cumin moulu
½	cuillère à thé de sel
2	tasses de bouillon de poulet
1	boîte (env. 415 ml – 14 oz) de tomates en dés égouttées
1	boîte (env. 445 ml – 15 oz) de pois chiches *ou* de doliques à œil noir, rincés et égouttés
1	paquet (285 g – 10 oz) de brocoli congelé en morceaux*
½	cuillère à thé de thym séché
	sel et poivre noir

1. Mélanger légèrement l'agneau, l'oignon, l'ail, le cumin et le sel. Former des boulettes de 2,5 cm (1 po)**. À feu moyen-élevé, faire dorer les boulettes dans une grande poêle en les retournant à l'occasion.

2. Dans la mijoteuse, verser le bouillon, les tomates, les pois chiches ou les doliques, le brocoli, le thym et les boulettes. Couvrir et cuire à BASSE température pendant 4 à 5 heures. Saler et poivrer au goût.

Donne 4 à 6 portions

* *On peut remplacer le paquet de 285 g (10 oz) de morceaux de brocoli congelés par 1 ½ tasse de fleurons de brocoli frais.*

** *Pour former facilement des boulettes uniformes, déposez le mélange de viande sur une planche à découper; tamponnez pour créer une grande galette de 2,5 cm (1 po) d'épaisseur. À l'aide d'un couteau coupant, découpez la viande en carrés de 2,5 cm (1 po); façonnez ensuite les boulettes.*

Soupe de tortillas

2	boîtes (env. 415 ml – 14 oz chacune) de bouillon de poulet
1	boîte (env. 415 ml – 14 oz) de tomates en dés avec piment jalapeño
2	tasses de carottes grossièrement hachées
2	tasses de maïs congelé
1½	tasse d'oignon émincé
1	boîte (250 ml – 8 oz) de sauce tomate
1	cuillère à soupe de poudre de chili
1	cuillère à thé de cumin moulu
¼	cuillère à thé de poudre d'ail
2	tasses de poulet cuit, émincé (facultatif)
	monterey jack râpé
	croustilles tortilla émiettées

1. Mélanger dans la mijoteuse le bouillon, les tomates, les carottes, le maïs, l'oignon, la sauce tomate, la poudre de chili, le cumin et la poudre d'ail. Couvrir et cuire à BASSE température pendant 6 à 8 heures.

2. Incorporer le poulet, au goût. Verser dans des bols. Garnir chaque portion de fromage et de croustilles tortilla.

Donne 6 portions

Ragoût de lentilles consistant

1	tasse de lentilles sèches, rincées et triées
1	paquet (450 g – 16 oz) de haricots verts congelés, décongelés
2	tasses de fleurons de chou-fleur
1	tasse d'oignon émincé
1	tasse de mini carottes, coupées en deux dans le sens de la largeur
3	tasses de bouillon de poulet sans gras à teneur réduite en sel
2	cuillères à thé de cumin moulu
¾	cuillère à thé de gingembre moulu
1	boîte (450 ml – 15 oz) de sauce tomate épaisse à l'ail et aux herbes
½	tasse d'arachides grillées

1. Déposer les lentilles dans la mijoteuse. Ajouter les haricots verts, le chou-fleur, l'oignon et les carottes.

2. Dans un grand bol, bien mélanger le bouillon, le cumin et le gingembre. Verser ce mélange sur les légumes dans la mijoteuse. Couvrir et cuire à BASSE température pendant 9 à 11 heures.

3. Incorporer la sauce tomate. Couvrir et cuire à BASSE température pendant 10 minutes. Verser le ragoût dans des bols. Saupoudrer chaque portion d'arachides.

Donne 6 portions

__Les recettes pour mijoteuse__ présentent souvent une gamme de temps de cuisson qui tient compte entre autres des différentes températures possibles des ingrédients et de la quantité d'aliments dans la mijoteuse (différences de grosseur des morceaux). Vous vous familiariserez rapidement avec la vôtre au fur et à mesure que vous préparerez ces savoureux plats.

Soupe à la bière et au fromage

2	ou 3 tranches de pain de seigle ou pumpernickel
1	boîte (env. 415 ml – 14 oz) de bouillon de poulet
1	tasse de bière
¼	tasse d'oignon, finement haché
2	gousses d'ail, finement hachées
¾	cuillère à thé de thym séché
1½	tasse de cheddar américain, râpé
1	à 1 ½ tasse de cheddar fort, râpé
1	tasse de lait
½	cuillère à thé de paprika

1. Préchauffer le four à 220 °C (425 °F). Couper le pain en cubes de 1,5 cm (½ po) ; déposer sur une plaque de cuisson. Cuire de 10 à 12 minutes en remuant une fois, ou jusqu'à ce que le pain soit croustillant. Réserver les croûtons.

2. Dans la mijoteuse, mélanger le bouillon, la bière, l'oignon, l'ail et le thym. Couvrir et cuire à BASSE température pendant 4 heures.

3. Augmenter le réglage à température ÉLEVÉE. Incorporer le fromage, le lait et le paprika dans la mijoteuse. Couvrir et cuire de 45 à 60 minutes à température ÉLEVÉE, ou jusqu'à ce que la soupe soit chaude et le fromage fondu. Bien remuer la soupe pour mélanger le fromage. Verser dans des bols et garnir de croûtons.

Donne 4 portions

Chili facile et rapide

1	cuillère à thé d'huile végétale
450	g (1 lb) de bœuf haché très maigre
1	oignon moyen, émincé
1	paquet (30 g – 1 oz) d'assaisonnement pour chili
1	boîte (1,4 l – 46 oz) de jus de tomate
1	grosse boîte (830 ml – 28 oz) de tomates en dés
1	boîte (env. 500 ml – 15 oz) de haricots rouges, rincés et égouttés
1	boîte (120 g – 4 oz) de champignons tranchés et égouttés

1. Dans une grande poêle, à feu moyen-bas, faire chauffer l'huile. Cuire le bœuf et l'oignon jusqu'à ce que le bœuf ne soit plus rosé ; remuer pour défaire les morceaux de viande. Égoutter le gras. Transvider le bœuf dans la mijoteuse. Ajouter l'assaisonnement pour chili et mélanger.

2. Ajouter à la mijoteuse le jus de tomate, les tomates, les haricots rouges et les champignons ; bien mélanger. Couvrir et cuire à température ÉLEVÉE jusqu'à ce que les ingrédients soient chauds. Réduire à BASSE température. Couvrir et cuire à BASSE température pendant 6 à 8 heures.

Donne 4 portions

> **N'utilisez jamais la mijoteuse pour réchauffer vos restes.** *Transvidez les restes dans un contenant réutilisable avec couvercle hermétique et réfrigérez. Pour les réchauffer, utilisez le four à micro-ondes, la cuisinière ou le four.*

SOUPES ET RAGOÛTS RÉCONFORTANTS

Soupe crémeuse à la patate douce et à la courge musquée

450	g (1 lb) de patates douces, pelées et coupées en cubes de 2,5 cm (1 po) (env. 3 tasses)
450	g (1 lb) de courge musquée, pelée et coupée en cubes de 2,5 cm (1 po) (env. 3½ tasses)
½	tasse d'oignon émincé
1	boîte (415 ml – 14 oz) de bouillon de poulet, réparti
½	tasse de beurre coupé en dés
1	boîte (400 ml – 13½ oz) de lait de coco
½	cuillère à thé de cumin moulu
½	cuillère à thé de poivre rouge moulu (ou plus, au goût)
1½	cuillère à thé de sel (ou plus, au goût)
3	ou 4 oignons verts (parties blanches et vertes), finement émincés (facultatif)

1. Dans une mijoteuse de 5 litres (4 ½ pintes), mélanger les patates douces, la courge, l'oignon, la moitié du bouillon et le beurre. Couvrir et cuire pendant 4 h à température ÉLEVÉE ou jusqu'à ce que les légumes soient tendres.

2. Au mélangeur, réduire jusqu'à l'obtention d'une consistance lisse, une tasse à la fois, puis remettre à la mijoteuse. Incorporer le reste du bouillon, le lait de coco, le cumin moulu, le poivre rouge moulu et le sel. Verser dans des bols, garnir d'oignons verts et servir.

Donne 4 à 6 portions
Temps de préparation : *20 minutes*
Temps de cuisson : *4 heures (à température ÉLEVÉE)*

Chaudrée aux deux maïs

2	petites tiges de céleri, parées et émincées
170	g (6 oz) de bacon, grossièrement haché
1	petit oignon (ou 1 grosse échalote sèche), haché
1	piment serrano ou jalapeño* évidé, épépiné et haché fin
1	tasse de maïs congelé, décongelé
1	tasse de maïs lessivé en conserve
¼	cuillère à thé de sel (ou au goût)
¼	cuillère à thé de thym séché
¼	cuillère à thé de poivre noir (ou au goût)
1	tasse de bouillon de poulet
1	cuillère à soupe de farine tout usage
1½	tasse de lait** répartie

1. Dans une mijoteuse de 4,5 litres (4 pintes), mélanger le céleri, le bacon, l'oignon, le piment, le maïs, le maïs lessivé, le sel, le thym et le poivre. Ajouter le bouillon. Couvrir et cuire à BASSE température de 5 à 6 heures, ou à température ÉLEVÉE de 3 h à 3 h 30.

2. Régler la mijoteuse à BASSE température. Dans un petit bol, mêler la farine et 2 cuillères à soupe de lait. Incorporer dans le mélange à base de maïs. Ajouter le reste du lait. Couvrir et cuire à BASSE température pendant 20 minutes.

Donne 4 portions
Temps de préparation : *10 minutes*
Temps de cuisson : *5 à 6 heures (BASSE température) ou 3 h à 3 h 30 (température ÉLEVÉE)*

* Les piments forts peuvent brûler et irriter la peau. Portez des gants en caoutchouc lorsque vous manipulez les piments et ne touchez pas à vos yeux.

** Pour obtenir une chaudrée encore plus consistante, utilisez ¾ tasse de lait et ¾ tasse de crème à 10 %.

Soupe au riz et aux lentilles à la française

6	tasses de bouillon de poulet ou de légumes
1	tasse de lentilles sèches, rincées et triées
2	carottes moyennes, pelées et coupées en petits dés
1	petit oignon, finement haché
2	tiges de céleri, coupées en petits dés
3	cuillères à soupe de riz non cuit
2	cuillères à thé d'ail haché fin
1	cuillère à thé d'herbes de provence
½	cuillère à thé de sel
⅛	cuillère à thé de poivre noir du moulin
4	cuillères à thé de crème fouettée ou de crème sure
¼	tasse de persil frais, haché

1. Dans une mijoteuse de 5,7 litres (5 pintes), mélanger le bouillon, les lentilles, les carottes, l'oignon, le céleri, le riz, l'ail, les herbes de provence, le sel et le poivre. Couvrir et cuire à température ÉLEVÉE pendant 4 à 5 heures, ou à BASSE température pendant 8 heures.

2. Récupérer environ 1 ½ tasse de soupe et réduire au robot ou au mélangeur jusqu'à consistance presque lisse. Remettre dans la mijoteuse avec le reste de la soupe. Pour le service, verser dans des bols et garnir chacun d'une cuillère de crème sure et saupoudrer de persil.

Donne 4 portions
Temps de préparation : *30 minutes*
Temps de cuisson : *8 heures (BASSE température) ou 4 à 5 heures (température ÉLEVÉE)*

Soupe à la lime et aux haricots noirs

2	boîtes (env. 500 ml – 15 oz chacune) de haricots noirs, non égouttés
1	boîte (env. 415 ml – 14 oz) de bouillon de poulet à teneur réduite en sel
1½	tasse d'oignon émincé
1½	cuillère à thé de poudre de chili
¾	cuillère à thé de cumin moulu
¼	cuillère à thé de poudre d'ail
⅛	à ¼ cuillère à thé de flocons de piment
½	tasse de crème sure
2	cuillères à soupe de coriandre fraîche, hachée
1	lime moyenne, coupée en quartiers

1. Enduire la cocotte de la mijoteuse d'aérosol de cuisson antiadhésif. Y mettre les haricots, le bouillon, l'oignon, la poudre de chili, le cumin, la poudre d'ail et les flocons de piment. Couvrir et cuire à BASSE température pendant 7 heures, ou à température ÉLEVÉE pendant 3 h 30 ou jusqu'à ce que les oignons soient complètement amollis.

2. Pour épaissir la soupe, en verser la moitié dans un mélangeur ou un robot culinaire. Réduire jusqu'à l'obtention d'une consistance lisse. Incorporer au reste de la soupe dans la mijoteuse. Laisser reposer pendant 15 à 20 minutes avant de servir.

3. Servir la soupe avec de la crème sure, de la coriandre et des quartiers de lime.

Donne 4 portions
Temps de préparation : *10 minutes*
Temps de cuisson : *7 heures (BASSE température) ou 3 h 30 (température ÉLEVÉE)*

Soupe au riz et au citron à la grecque

3	boîtes (env. 415 ml – 14 oz chacune) de bouillon de poulet
½	tasse de riz à grains longs, non cuit
3	jaunes d'œufs
¼	tasse de jus de citron frais
	sel et poivre noir
4	tranches minces de citron (facultatif)
4	cuillères à thé de persil frais, finement haché (facultatif)

1. Dans une mijoteuse de 4,5 litres (4 pintes), mélanger le bouillon de poulet et le riz. Couvrir et cuire à température ÉLEVÉE de 2 à 3 heures, ou jusqu'à ce que le riz soit tendre et cuit.

2. Une fois le riz cuit, régler la mijoteuse à BASSE température. Dans un bol de format moyen, battre les jaunes d'œufs avec le jus de citron. Ajouter une grosse cuillerée de riz chaud au mélange de jaunes d'œufs et fouetter brièvement. Ensuite, incorporer ce mélange dans le reste du riz. Couvrir et cuire à BASSE température pendant 10 minutes de plus.

3. Saler et poivrer au goût. Verser dans des bols, les garnir d'une tranche de citron et saupoudrer de persil. La soupe peut aussi bien être servie froide que chaude. Pour la servir froide, la laisser refroidir à la température ambiante. Couvrir et réfrigérer pendant au moins 24 heures avant de servir.

Donne 4 portions
Temps de préparation : *20 minutes*
Temps de cuisson : *2 à 3 heures (température ÉLEVÉE), plus 10 minutes (BASSE température)*

Soupe jardinière à l'italienne

1	cuillère à soupe d'huile d'olive extra vierge
1	tasse de poivron vert, coupé en morceaux
1	tasse d'oignon émincé
½	tasse de céleri en dés
2	boîtes (env. 415 ml – 14 oz chacune) de bouillon de poulet
1	boîte (env. 415 ml – 14 oz) de tomates en dés avec basilic, ail et origan, non égouttées
1	boîte (env. 445 ml – 15 oz) de haricots blancs, rincés et égouttés
1	courgette moyenne, émincée
1	tasse de haricots verts coupés congelés, décongelés
¼	cuillère à thé de poudre d'ail
1	paquet (275 g – 9 oz) de tortellinis au fromage
3	cuillères à soupe de basilic frais, haché
	asiago ou parmesan râpé (facultatif)

1. Dans une grande poêle, faire chauffer l'huile à feu moyen-élevé. Ajouter le poivron, l'oignon et le céleri. Cuire en remuant pendant 4 minutes ou jusqu'à ce que l'oignon soit translucide. Transvider dans une mijoteuse de 5,7 litres (5 pintes).

2. Ajouter le bouillon, les tomates avec leur jus, les haricots blancs, la courgette, les haricots verts et la poudre d'ail. Couvrir et cuire à BASSE température pendant 7 heures, ou à température ÉLEVÉE pendant 3 h 30.

3. Régler la mijoteuse à la température ÉLEVÉE. Ajouter les tortellinis et cuire de 20 à 25 minutes de plus, ou jusqu'à ce que les pâtes soient tendres. Incorporer le basilic. Garnir chaque portion de fromage.

Donne 6 portions
Temps de préparation : *15 minutes*
Temps de cuisson : *7 heures (BASSE température) ou 3 h 30 (température ÉLEVÉE),*
plus 20 minutes (température ÉLEVÉE)

Ragoût d'agneau et de légumes

2	tasses de champignons tranchés
1	gros poivron rouge, coupé en dés
1	grosse carotte, coupée en tranches de ½ po
1	petite pomme de terre nouvelle, non pelée et coupée en dés
1	petit panais coupé en tranches de ½ po d'épaisseur
1	gros blanc de poireau, émincé
1	gousse d'ail, finement hachée
½	tasse de bouillon de poulet à teneur réduite en sel
½	cuillère à thé de thym séché
¼	cuillère à thé de romarin séché
⅛	cuillère à thé de poivre noir
360	g (12 oz) d'agneau dans l'épaule, en cubes de 2,5 cm (1 po)
2	cuillères à soupe de farine tout usage
½	cuillère à thé de sel (facultatif)

1. Déposer dans la mijoteuse les champignons, le poivron, la carotte, la pomme de terre, le panais, le poireau et l'ail. Ajouter le bouillon, le thym, le romarin et le poivre noir ; mélanger. Ajouter l'agneau. Couvrir et cuire à BASSE température pendant 6 à 7 heures.

2. Dans un petit bol, combiner la farine et 2 cuillères à soupe du liquide de la mijoteuse. Incorporer au contenu de la mijoteuse et mélanger. Couvrir et cuire pendant 10 minutes de plus. Saler au goût.

Donne 4 portions

Bœuf savoureux

Chili d'épaule de bœuf

½	tasse plus 2 cuillères à soupe d'huile d'olive, réparties
2,5	kg (5 lb) de rôti d'épaule de bœuf, paré
3	tasses d'oignon haché fin
4	piments poblanos, épépinés et coupés en dés*
2	piments serranos, épépinés et coupés en dés*
2	poivrons verts, épépinés et coupés en dés
3	piments jalapeños, épépinés et coupés en dés**

2	cuillères à soupe d'ail haché fin
1	boîte (900 ml – 28 oz) de tomates broyées
¼	tasse de sauce au piment fort
1	cuillère à soupe de cumin moulu
	poivre noir au goût
125	ml (4 oz) de bière lager mexicaine (facultatif)
	pain de maïs ou riz cuit chaud

1. Faire chauffer ½ tasse d'huile d'olive dans une grande poêle à feu moyen-élevé. Ajouter le rôti d'épaule et saisir des deux côtés. Déposer le bœuf dans la mijoteuse.

2. Chauffer dans la même poêle, à feu bas, les 2 cuillères à soupe d'huile. Ajouter les oignons, les piments et l'ail ; faire cuire pendant environ 7 minutes ou jusqu'à ce que les oignons soient tendres. Transvider dans la mijoteuse avec les tomates broyées. Couvrir et cuire à BASSE température de 4 à 5 heures ou jusqu'à ce que le bœuf soit tendre sous la fourchette.

3. Effilocher le bœuf. Incorporer la sauce au piment fort, le cumin, le poivre et la bière (au goût). Servir sur du pain de maïs ou du riz.

Donne 8 à 10 portions

* Si vous ne trouvez pas de piments frais, vous pouvez utiliser 2 boîtes (415 ml – 14 oz chacune) de piments verts en dés et ajouter de la poudre de piment pour plus de piquant.

** Les piments jalapeños peuvent piquer et irriter la peau. Portez des gants de caoutchouc lorsque vous les manipulez et ne touchez pas à vos yeux. Lavez vos mains après la manipulation.

BŒUF SAVOUREUX

Bifteck de ronde

1	bifteck de ronde de bœuf désossé (680 g – 1 ½ lb), paré et coupé en 4 morceaux
¼	tasse de farine tout usage
1	cuillère à thé de poivre noir
½	cuillère à thé de sel
1	cuillère à soupe d'huile végétale
1	boîte (320 ml – 10 ¾ oz) de crème de champignons concentrée non diluée
¾	tasse d'eau
1	oignon moyen, en quartiers
1	boîte (125 ml – 4 oz) de champignons tranchés, égouttés
¼	tasse de lait
1	sachet (30 g – 1 oz) de mélange pour soupe à l'oignon
	sel et poivre noir (en surplus, au goût)
	sauge moulue
	thym séché
1	feuille de laurier

1. Placer les biftecks dans un grand sac en plastique refermable pour aliments. Fermer le sac et attendrir la viande à l'aide d'un maillet.

2. Dans un petit bol, combiner la farine, 1 cuillère à thé de poivre et ½ cuillère à thé de sel. Verser dans le sac. Bien remuer pour enrober uniformément la viande.

3. Dans une grande poêle antiadhésive, faire chauffer l'huile. Retirer les biftecks du sac ; jeter le surplus de farine. Déposer les biftecks dans la poêle et dorer des deux côtés. Transvider les biftecks et le jus de cuisson dans la mijoteuse.

4. Ajouter la soupe, l'eau, l'oignon, les champignons, le lait, le mélange pour soupe, le sel et le poivre, la sauge et le thym. Ajouter la feuille de laurier et mélanger. Couvrir et cuire à BASSE température de 5 à 6 heures, ou jusqu'à ce que les biftecks soient tendres. Retirer et jeter la feuille de laurier avant de servir.

Donne 4 portions

Délice d'automne

4 à 6 steaks de bœuf, coupés en cubes

huile d'olive

2 à 3 boîtes (320 ml – 10 ¾ oz chacune) de crème de champignons concentrée non diluée

1 à 1½ tasse d'eau

1 sachet (30 g – 1 oz) de mélange pour soupe à l'oignon ou aux champignons

1. Dans une grande poêle antiadhésive, faire légèrement dorer les cubes de bœuf dans l'huile, à feu moyen. Déposer le bœuf dans la mijoteuse.

2. Ajouter dans la cocotte de la mijoteuse, la soupe, l'eau (½ tasse d'eau par boîte de soupe) et le mélange pour soupe. Brasser pour bien mélanger. Couvrir et cuire à BASSE température pendant 4 à 6 heures.

Donne 4 à 6 portions

> *Il n'est pas toujours nécessaire de faire dorer la viande* ou la volaille
> *avant de l'ajouter à la mijoteuse, mais cela peut rehausser la saveur et
> l'apparence du plat. Notez cependant que le bœuf haché doit toujours être
> cuit jusqu'à ce qu'il ne soit plus rosé avant d'être ajouté à la mijoteuse.*

Macaroni au chili à la mijoteuse

450	g (1 lb) de bœuf ou de dinde haché
1	boîte (env. 415 ml – 14 oz) de tomates en dés, égouttées
1	tasse d'oignon émincé
1	gousse d'ail, finement hachée
1	cuillère à soupe de poudre de chili
½	cuillère à thé de sel
½	cuillère à thé de cumin moulu
½	cuillère à thé de feuilles d'origan séché
¼	cuillère à thé de flocons de piment
¼	cuillère à thé de poivre noir
225	g (8 oz) de macaronis coupés (donne 4 tasses de macaronis cuits)
	cheddar râpé (facultatif)

1. Dans une grande poêle, à feu moyen, faire cuire le bœuf haché en remuant souvent pour défaire les morceaux, jusqu'à ce qu'il ne soit plus rosé. Égoutter le gras. Transvider le bœuf cuit dans la mijoteuse avec le reste des ingrédients, à l'exception des pâtes et du fromage. Bien mélanger. Cuire à BASSE température pendant 4 heures.

2. Faire cuire les pâtes conformément aux instructions de l'emballage. Égoutter. Incorporer les pâtes cuites à la viande et cuire pendant 1 minute de plus à BASSE température. Garnir chaque portion de fromage râpé, au goût.

Donne 10 portions

Variation : pour cuisiner ce chili à la cuisinière, faites cuire les pâtes et égouttez-les. Faites cuire le bœuf haché comme à l'étape 1. Ajoutez le reste des ingrédients, sauf les pâtes et le fromage, et laissez mijoter pendant 20 minutes. Incorporez les pâtes. Garnissez chaque portion de fromage râpé, au goût.

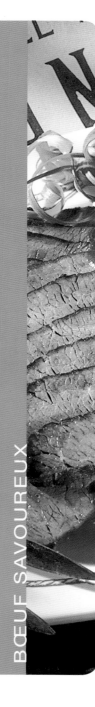

Poitrine de bœuf barbecue à la texane

1	poitrine de bœuf (1,5 à 2 kg – 3 à 4 lb)
3	cuillères à soupe de sauce Worcestershire
2	gousses d'ail, finement hachées
1	cuillère à soupe de poudre de chili
1	cuillère à thé de sel de céleri
1	cuillère à thé de poivre noir
2	feuilles de laurier
	sauce barbecue (voir page 110)

1. Couper le surplus de gras du bœuf et le jeter. Placer le bœuf dans un grand sac en plastique refermable pour aliments. Dans un petit bol, mélanger la sauce Worcestershire, la poudre de chili, le sel de céleri, le poivre, l'ail et les feuilles de laurier. Répartir uniformément le mélange sur le bœuf et refermer le sac. Réfrigérer 24 heures.

2. Déposer le bœuf et la marinade dans la mijoteuse. Au besoin, couper la viande en deux morceaux pour qu'elle entre dans la mijoteuse. Couvrir et cuire à BASSE température pendant 7 heures. Pendant ce temps, préparer la sauce barbecue.

3. Retirer le bœuf de la mijoteuse et verser le jus en portions de 2 tasses. Laisser reposer 5 minutes. Écumer le gras du jus de cuisson. Retirer et jeter les feuilles de laurier. Incorporer 1 portion de jus dégraissé dans la sauce barbecue. Jeter le reste du jus.

4. Remettre le bœuf et la sauce barbecue dans la mijoteuse. Couvrir et cuire à BASSE température pendant 1 heure ou jusqu'à ce que le bœuf soit tendre sous la fourchette. Déposer la viande sur une planche à découper. Découper en tranches de ¼ po d'épaisseur dans le sens contraire du grain de la viande. Servir 2 à 3 cuillères à soupe de sauce barbecue avec chaque portion.

Donne 10 à 12 portions

Suite à la page 110

Poitrine de bœuf barbecue à la texane, suite

SAUCE BARBECUE

2	cuillères à soupe d'huile végétale
1	oignon moyen, émincé
2	gousses d'ail, finement hachées
1	tasse de ketchup
½	tasse de mélasse
¼	tasse de vinaigre de cidre
2	cuillères à thé de poudre de chili
½	cuillère à thé de moutarde sèche

1. Faire chauffer l'huile dans une casserole à feu moyen. Ajouter l'oignon et l'ail, et faire cuire en remuant jusqu'à ce que l'oignon soit tendre.

2. Ajouter le reste des ingrédients. Laisser mijoter à feu moyen pendant 5 minutes.

Donne environ 1 ¾ tasse de sauce

Le meilleur rôti qui soit

1	rôti d'épaule de bœuf (1,5 à 2,25 kg – 3 à 5 lb)
1	boîte (320 ml – 10 ¾ oz) de crème de champignons concentrée non diluée
1	sachet (30 g – 1 oz) de mélange pour soupe à l'oignon
4	à 5 pommes de terre moyennes, coupées en quartiers
4	tasses de mini carottes

1. Déposer le rôti dans la mijoteuse. Au besoin, couper le rôti en deux pour qu'il entre dans la mijoteuse. Ajouter la soupe et le mélange pour soupe. Couvrir et cuire à BASSE température pendant 4 heures.

2. Ajouter les pommes de terre et les carottes. Couvrir et cuire à BASSE température pendant 2 heures.

Donne 6 à 8 portions

Bœuf à l'italienne savoureux

1	rôti d'épaule de bœuf (1,5 à 2 kg – 3 à 4 lb)
2	sachets (30 g – 1 oz chacun) de mélange pour vinaigrette italienne
1	sachet (30 g – 1 oz) de mélange pour soupe à l'oignon
1	boîte (375 ml – 12 oz) de bière ou de bouillon de bœuf
1	cuillère à soupe de fécule de maïs (facultatif)
2	cuillères à soupe d'eau (facultatif)

1. Déposer le rôti dans la mijoteuse ; saupoudrer du mélange pour vinaigrette italienne et du mélange pour soupe. Verser la bière ou le bouillon. Couvrir et cuire à BASSE température pendant 8 à 10 heures.

2. Retirer la viande de la mijoteuse et laisser refroidir un peu. Effilocher la viande à l'aide de deux fourchettes.

3. Écumer le gras de la surface du liquide et le jeter. Pour obtenir une sauce plus épaisse, mélanger dans un petit bol de la fécule de maïs et de l'eau jusqu'à l'obtention d'une consistance lisse. Ajouter ensuite ce mélange dans la mijoteuse ; bien mélanger. Cuire pendant 15 minutes à température ÉLEVÉE ou jusqu'à ce que la sauce ait épaissi.

4. Remettre la viande effilochée dans la mijoteuse. Couvrir et cuire de 15 à 30 minutes à température ÉLEVÉE ou jusqu'à ce que tous les aliments soient chauds.

Donne 6 portions

> **Note :** *si un rôti dense comme un rôti de croupe ou d'aloyau (pointe de surlonge) est utilisé, entailler la viande à 2 ou 3 endroits pour que les assaisonnements soient uniformément répartis.*

> **Suggestion de présentation :** *servir le bœuf cuit sur des pains à sandwichs ou sur de la purée de pommes de terre.*

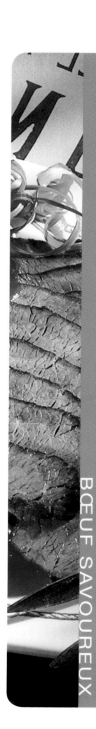

BŒUF SAVOUREUX

Bœuf strogonoff à l'orge

2½	tasses de bouillon de légumes à faible teneur en sel (ou d'eau)
⅔	tasse d'orge perlé non cuit (pas à cuisson rapide)
1	paquet (170 g – 6 oz) de champignons tranchés
½	cuillère à thé de marjolaine séchée
½	cuillère à thé de poivre noir
225	g (½ lb) de bœuf haché très maigre
½	tasse de céleri coupé en petits dés
½	tasse d'oignons verts hachés fin
¼	tasse de crème à 10 %
	persil frais, haché (facultatif)

1. Dans la mijoteuse, ajouter le bouillon ou l'eau, l'orge, les champignons, la marjolaine et le poivre. Couvrir et cuire à BASSE température pendant 6 à 7 heures.

2. Dans une grande poêle antiadhésive, à feu moyen, faire cuire le bœuf haché en remuant souvent pour défaire les morceaux, pendant environ 7 minutes ou jusqu'à ce qu'il ne soit plus rosé. Égoutter le gras. Ajouter le céleri et l'oignon. Faire cuire pendant 3 minutes en remuant. Incorporer le mélange de bœuf et la crème à 10 % au contenu de la mijoteuse. Couvrir et cuire à température ÉLEVÉE de 10 à 15 minutes ou jusqu'à ce que le bœuf soit chaud et les légumes tendres.

3. Saupoudrer de persil frais haché.

Donne 4 portions

Suggestion de présentation : *servir cette délicieuse entrée de bœuf avec des légumes ou une salade.*

Pain de viande à la mijoteuse

680	**g (1 ½ lb) de bœuf haché**
¾	**tasse de lait**
⅔	**tasse de chapelure fine ou de miettes de pain sec**
2	**œufs battus**
2	**cuillères à soupe d'oignon haché fin**
1	**cuillère à thé de sel**
½	**cuillère à thé de sauge moulue**
½	**tasse de ketchup**
2	**cuillères à soupe de cassonade tassée**
1	**cuillère à thé de moutarde sèche**

1. Dans un grand bol, mélanger le bœuf, le lait, la chapelure ou les miettes de pain, les œufs, l'oignon, le sel et la sauge ; former une boule. Déposer dans la mijoteuse. Couvrir et cuire à BASSE température pendant 5 à 6 heures.

2. Quinze minutes avant de servir, mélanger dans un petit bol le ketchup, la cassonade et la moutarde. Verser sur le pain de viande. Couvrir et cuire à température ÉLEVÉE pendant 15 minutes.

Donne 6 portions

Bœuf et panais Strogonoff

1	cube de bouillon de bœuf
¾	tasse d'eau bouillante
1	bifteck d'intérieur de ronde sans os (env. 375 g – ¾ lb), paré
	huile d'olive à vaporiser
2	tasses de panais (ou de pommes de terre), pelés et coupés en cubes*
1	oignon moyen, coupé en deux et émincé
375	g (¾ lb) de champignons tranchés
2	cuillères à thé d'ail haché fin
¼	cuillère à thé de poivre noir
¼	tasse d'eau
1	cuillère à soupe plus 1 ½ cuillère à thé de farine tout usage
3	cuillères à soupe de crème sure légère
1½	cuillère à thé de moutarde de Dijon
¼	cuillère à thé de fécule de maïs
115	g (4 oz) de nouilles larges sans œufs, cuites sans sel, égouttées et gardées au chaud
1	cuillère à soupe de persil frais, haché

1. Dissoudre le cube de bouillon dans ¾ tasse d'eau bouillante et laisser refroidir. Pendant ce temps, couper le steak en deux, dans le sens de la longueur, puis en lanières de 1,5 cm (½ po). Vaporiser une grande poêle antiadhésive d'aérosol de cuisson et chauffer à feu élevé. Y cuire le bœuf en remuant pendant environ 4 minutes ou jusqu'à ce qu'il commence à griller. Déposer le bœuf et le jus de cuisson dans la mijoteuse.

2. Vaporiser la même poêle d'aérosol de cuisson et chauffer à feu élevé. Ajouter les panais et l'oignon, puis faire cuire pendant environ 4 minutes ou jusqu'à ce qu'ils soient dorés. Ajouter les champignons, l'ail et le poivre, puis faire cuire pendant environ 5 minutes ou jusqu'à ce que les champignons soient tendres. Transvider le mélange dans la mijoteuse.

* Si vous utilisez des pommes de terre au lieu des panais, coupez-les en cubes de 2,5 cm (1 po) et ne les faites pas revenir.

Suite à la page 118

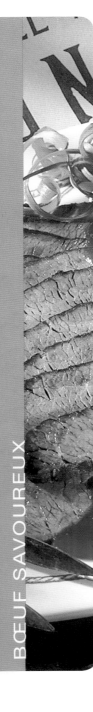

Bœuf et panais strogonoff, suite

3. Dans un petit bol, incorporer ¼ tasse d'eau à la farine jusqu'à l'obtention d'une consistance lisse. Incorporer ce mélange au bouillon refroidi. Ajouter au contenu de la mijoteuse et remuer pour bien mélanger. Couvrir et cuire à BASSE température de 4 h 30 à 5 h, ou jusqu'à ce que le bœuf et les panais soient tendres.

4. Éteindre la mijoteuse. À l'aide d'une cuillère à rainures, prendre le bœuf et les légumes pour les transférer dans un grand bol. Réserver le jus de cuisson. Dans un bol moyen, combiner la crème sure, la moutarde et la fécule de maïs. Ajouter graduellement le jus réservé au mélange à base de crème sure, et bien mélanger. Incorporer le mélange à la crème sure à la préparation de bœuf et de légumes. Servir sur des nouilles chaudes et saupoudrer de persil. Décorer au goût.

Donne 4 portions

Braisé de bœuf à l'italienne

1	rôti d'épaule de bœuf sans os (1 à 1,5 kg – 2 à 3 lb)
1	boîte (900 ml – 28 oz) de tomates broyées, *ou* 6 à 8 tomates italiennes fraîches hachées
1	paquet (30 g – 1 oz) d'assaisonnement pour sauce à spaghetti
1	cuillère à thé d'ail haché *ou* ½ cuillère à thé de poudre d'ail
1	cuillère à thé d'assaisonnement à l'italienne
1	paquet (455 g – 16 oz) de spaghetti (ou de toute autre pâte), cuit selon les instructions de l'emballage
	parmesan

1. Déposer tous les ingrédients dans la mijoteuse, à l'exception des pâtes et du fromage. Couvrir et cuire à température ÉLEVÉE de 5 à 6 heures.

2. Servir le rôti en tranches sur un lit de pâtes chaudes. Saupoudrer de parmesan.

Donne 6 à 8 portions

Suggestion de présentation : *servir avec une salade de légumes frais et du pain italien.*

Bœuf salé et chou, sauce à la moutarde et au raifort

16	petites pommes de terre rouges (2,5 cm – 1 po) (env. 625 g – 1 ¼ lb)*
1 ½	tasse de mini carottes
1	gros oignon sucré ou jaune, coupé en morceaux
1	poitrine de bœuf salé (900 g à 1,3 kg – 2 à 2 ½ lb)
1	bouquet d'épices
½	gros chou (450 g – 1 lb), coupé en 8 quartiers
⅓	tasse de crème sure
⅓	tasse de mayonnaise
2	cuillères à soupe de moutarde de Dijon
2	cuillères à soupe de raifort préparé

1. Enduire la cocotte de la mijoteuse d'aérosol de cuisson antiadhésif. Dans la mijoteuse, déposer les pommes de terre, les carottes et l'oignon. Égoutter le bœuf, réserver le bouquet d'épices et le jus de l'emballage. Déposer le bœuf sur les légumes ; verser le jus sur le bœuf et garnir du bouquet d'épices. Ajouter suffisamment d'eau chaude pour à peine recouvrir le bœuf et les légumes (environ 4 tasses). Couvrir et cuire à BASSE température de 8 à 9 heures, ou à température ÉLEVÉE de 5 à 6 heures, ou jusqu'à ce que le bœuf soit tendre sous la fourchette.

2. Transférer le bœuf sur une grande feuille d'aluminium ; bien emballer et réserver. Ajouter les quartiers de chou aux légumes en les immergeant dans le liquide. Augmenter le réglage à température ÉLEVÉE. Couvrir et cuire à température ÉLEVÉE de 30 à 40 minutes ou jusqu'à ce que les légumes soient tendres.

3. Pendant ce temps, mélanger la crème sure, la mayonnaise, la moutarde et le raifort. Bien mélanger. Réserver ½ tasse du jus de la mijoteuse. Égoutter les légumes et les transférer dans une assiette de service. Trancher finement le bœuf, le répartir dans l'assiette et napper du jus réservé. Servir avec la sauce à la moutarde et au raifort.

Donne 6 à 8 portions

* Si vous ne trouvez pas de pommes de terre de 2,5 cm (1 po) de diamètre, achetez-les plus grosses et coupez-les en deux ou en quatre.

Feijoada completa

1	poitrine de bœuf salé (680 g – 1 ½ lb)	3	tasses d'eau
680	g (1 ½ lb) de côtes ou de côtes levées de porc	1	boîte (475 ml – 16 oz) de haricots noirs, rincés et égouttés
225	g (½ lb) de saucisses fumées en chapelet, par exemple de la saucisse polonaise ou de l'andouille	1	tasse d'oignon émincé
		4	gousses d'ail, finement hachées
225	g (½ lb) de saucisses fraîches en chapelet, par exemple de la saucisse Bratwurst ou de la saucisse à déjeuner	1	piment jalapeño*, épépiné et haché
			sauce au piment et au citron (voir la recette plus bas)

1. Couper le surplus de gras des côtes. Mettre tous les ingrédients dans la mijoteuse, à l'exception de la sauce au piment et au citron. Bien mélanger. Couvrir et cuire à BASSE température de 7 à 8 heures, ou jusqu'à ce que la viande soit tendre sous la fourchette. Pendant ce temps, préparer la sauce au piment et au citron.

2. Déposer la viande sur une planche à découper. Trancher le bœuf et le disposer dans une grande assiette de service. Disposer le reste de la viande autour du bœuf salé. Couvrir la viande pour la garder au chaud.

3. Égoutter le liquide des haricots, mais en laisser juste assez pour que les haricots restent humides. Les transvider dans un bol de service. Servir avec la sauce au piment et au citron.

Donne 10 à 12 portions

Sauce au piment et au citron

¾	tasse de jus de citron	3	piments jalapeños*, épépinés et hachés
1	petit oignon, coupé en gros morceaux	3	gousses d'ail, émincées

Placer tous les ingrédients au mélangeur ou au robot culinaire, puis mixer jusqu'à l'obtention d'une consistance lisse. Servir à la température ambiante.

Donne environ 1 tasse de sauce

* Les piments jalapeños peuvent piquer et irriter la peau. Portez des gants de caoutchouc lorsque vous les manipulez et ne touchez pas à vos yeux. Lavez vos mains après la manipulation.

Braciola

1	boîte (830 ml – 28 oz) de sauce tomate
2½	cuillères à thé d'origan séché, réparti
1¼	cuillère à thé de basilic séché, réparti
1	cuillère à thé de sel
225	g (½ lb) de chair de saucisse italienne piquante
½	tasse d'oignon émincé
¼	tasse de parmesan
2	gousses d'ail, finement hachées
1	cuillère à soupe de flocons de persil séché
1	à 2 biftecks de flanc (env. 1,3 kg – 2½ lb)

1. Mélanger la sauce tomate, 2 cuillères à thé d'origan, 1 cuillère à thé de basilic et le sel dans un bol de format moyen, puis réserver.

2. Dans une grande poêle antiadhésive, faire dorer la saucisse à feu moyen-élevé en remuant souvent pour défaire les morceaux. Égoutter le gras. Dans un bol de format moyen, mélanger la saucisse, l'oignon, le fromage, l'ail, le persil, le reste de l'origan et le reste du basilic, puis réserver.

3. Déposer le steak entre 2 feuilles de papier ciré. Pilonner la viande à l'aide d'un maillet pour que le steak ait une épaisseur de 3 à 6 mm (⅛ à ¼ po). Couper le steak en lanières de 7 cm (3 po).

4. À l'aide d'une cuillère, déposer le mélange à la saucisse sur chaque lanière. Rouler et fixer à l'aide d'un cure-dents. Déposer chaque rouleau dans la mijoteuse. Verser le mélange à la sauce tomate réservé sur les rouleaux. Couvrir et cuire à BASSE température pendant 6 à 8 heures.

5. Couper chaque rouleau en tranches. Garnir de sauce tomate chaude.

Donne 8 portions

Bœuf bourguignon facile

680	**g (1 ½ lb) de bifteck de ronde ou de bœuf à ragoût en cubes de 2,5 cm (1 po)**
1	**boîte (320 ml – 10 ¾ oz) de crème de champignons concentrée non diluée**
1	**tasse de vin rouge**
1	**petit oignon, émincé**
1	**boîte (125 ml – 4 oz) de champignons tranchés, égouttés**
1	**sachet (30 g – 1 oz) de mélange pour soupe à l'oignon**
1	**cuillère à soupe d'ail haché fin**

Mélanger tous les ingrédients dans la mijoteuse. Couvrir et cuire à BASSE température de 6 à 8 heures, ou jusqu'à ce que le bœuf soit tendre.

Donne 4 à 6 portions

> **Note :** *servir le bœuf sur des pâtes, du riz ou de la purée de pommes de terre.*
> *Ou encore, ajoutez des légumes pour créer un savoureux ragoût.*

Un rôti pour dîner

900	**g (2 lb) de rôti de palette de bœuf sans os**
4	**pommes de terre, pelées et coupées en quartiers**
3	**carottes, pelées et coupées en morceaux**
1	**sachet (30 g – 1 oz) de mélange pour soupe à l'oignon**
1	**boîte (env. 415 ml – 14 oz) de tomates étuvées**

Mélanger tous les ingrédients dans la mijoteuse. Couvrir et cuire à BASSE température pendant 10 heures.

Donne 4 portions

Bifteck de ronde à la mijoteuse avec son jus

1	**bifteck de haut de ronde (env. 450 g – 1 lb)**
1	**boîte (320 ml – 10¾ oz) de crème de champignons ou de poulet concentrée non diluée**
½	**tasse d'eau**
1	**sachet (30 g – 1 oz) de mélange pour soupe à l'oignon**

Mélanger tous les ingrédients dans la mijoteuse. Couvrir et cuire à température ÉLEVÉE pendant 6 heures, ou à BASSE température pendant 8 heures.

Donne 4 portions

__Pour des raisons de sécurité alimentaire,__ les plats à la mijoteuse qui prévoient l'utilisation de viande crue devraient cuire au moins 3 heures à BASSE température.

Bœuf poivré

450 g (1 lb) de rôti ou de bifteck de ronde coupé en cubes de 2,5 à 4 cm (1 à 1½ po)

2 gousses d'ail, finement hachées

poivre noir

1 boîte (320 ml – 10¾ oz) de soupe à l'oignon française concentrée non diluée

1 boîte (320 ml – 10¾ oz) de crème de champignons concentrée non diluée

pâtes ou riz cuit chaud

Déposer le bœuf dans la mijoteuse. Assaisonner d'ail et de poivre. Verser les soupes sur le bœuf. Couvrir et cuire à BASSE température pendant 8 à 10 heures. Servir sur un lit de pâtes ou de riz.

Donne 2 à 3 portions

Puisque les mijoteuses cuisent les aliments à BASSE température sur une longue période, elles sont idéales pour cuisiner des plats confectionnés avec des coupes de viande moins tendres.

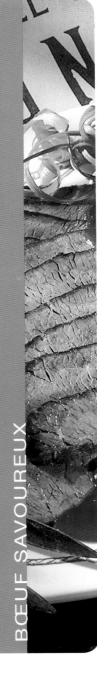

Poivrons farcis à la mijoteuse

1	sachet (env. 200 g – 7 oz) de mélange pour riz espagnol
450	g (1 lb) de bœuf haché
½	tasse de céleri en dés
1	petit oignon, émincé
1	œuf battu
4	poivrons verts moyens, coupés en deux et évidés
1	boîte (830 ml – 28 oz) de tomates entières, non égouttées
1	boîte (320 ml – 10 ¾ oz) de soupe aux tomates concentrée non diluée
1	tasse d'eau

1. Garder de côté le sachet d'assaisonnement du riz. Dans un grand bol, déposer le mélange pour riz, le bœuf, le céleri, l'oignon et l'œuf. Répartir le mélange à la viande dans les moitiés de poivron.

2. Dans la mijoteuse, verser les tomates avec leur jus. Disposer les moitiés de poivrons farcies sur les tomates.

3. Dans un bol de format moyen, combiner la soupe aux tomates, l'eau et le sachet d'assaisonnement du riz. Verser sur les poivrons. Couvrir et cuire à BASSE température pendant 8 à 10 heures.

Donne 4 portions

Cubes de bœuf barbecue

1	rôti de bloc d'épaule de bœuf sans os (env. 2 kg – 4 lb), coupé en cubes
1	boîte (830 ml – 28 oz) de tomates, non égouttées
1	boîte (125 ml – 4 oz) de pâte de tomates
1	gros oignon, haché
¼	tasse de cassonade fermement tassée
¼	tasse de vinaigre
2	cuillères à thé de sel
2	cuillères à thé de mélange d'épices à barbecue
2	cuillères à thé de sauce Worcestershire
2	gousses d'ail, finement hachées
1	cuillère à thé de moutarde sèche
¼	cuillère à thé de poivre noir

Déposer les cubes de bœuf dans la mijoteuse. Mélanger tous les autres ingrédients dans un grand bol et verser sur le bœuf. Couvrir et cuire à BASSE température de 6 à 8 heures ou jusqu'à ce que le bœuf soit tendre.

Donne 8 portions

> **Suggestion de présentation :** *servir sur un lit de pâtes ou de riz. Cette recette peut aussi être confectionnée avec des côtes levées au lieu d'un rôti.*

Rôti facile du dimanche de maman

1   boîte (320 ml – 10 ¾ oz) de crème de champignons concentrée non diluée

1   boîte (320 ml – 10 ¾ oz) de crème de tomates concentrée non diluée

1   boîte (320 ml – 10 ¾ oz) de crème de céleri concentrée non diluée

1   boîte (env. 250 ml – 8 oz) de champignons tranchés, égouttés

1   sachet (30 g – 1 oz) de mélange pour soupe à l'oignon

4   pommes de terre Idaho, pelées et coupées en quartiers

1   paquet (170 g – 6 oz) de mini carottes

1   rôti de bloc d'épaule de bœuf (env. 1,5 kg – 3 lb)

1. Dans un grand bol, mettre les soupes, les champignons et le mélange pour soupe à l'oignon. Bien mélanger.

2. Placer les pommes de terre et les carottes au fond de la mijoteuse ; déposer le rôti sur les légumes. Verser le mélange des trois soupes sur le rôti. Couvrir et cuire à BASSE température de 5 à 6 heures, ou jusqu'à ce que la viande et les légumes soient tendres sous la fourchette.

Donne 6 à 8 portions

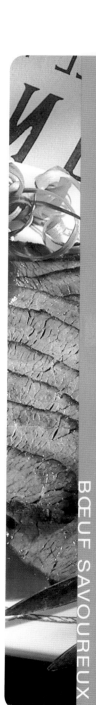

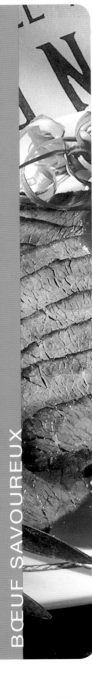

Bifteck à l'étouffée

4	à 6 biftecks en cubes (env. 680 à 900 g – 1 ½ à 2 lb)
	farine tout usage
1	boîte (320 ml – 10 ¾ oz) de crème de champignons concentrée non diluée
1	sachet (30 g – 1 oz) de mélange pour soupe à l'oignon
	riz cuit chaud (facultatif)

1. Enfariner légèrement le bœuf. Déposer dans la mijoteuse.

2. Dans un bol de format moyen, mélanger la crème de champignons et le mélange pour soupe à l'oignon. Verser sur le steak. Couvrir et cuire à BASSE température pendant 6 à 8 heures. Servir sur un lit de pâtes ou de riz.

Donne 4 portions

Faites décongeler la viande, *la volaille et les légumes congelés complètement avant de les ajouter à la mijoteuse. Les aliments congelés font refroidir les autres ingrédients et les empêchent de se réchauffer assez rapidement pour éviter la croissance des bactéries.*

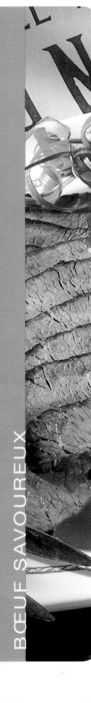

Pain de viande à l'italienne

1	boîte (250 ml – 8 oz) de sauce tomate, répartie
1	œuf légèrement battu
½	tasse d'oignon émincé
½	tasse de poivron vert coupé en morceaux
⅓	tasse de chapelure assaisonnée
2	cuillères à soupe de parmesan
½	cuillère à thé de poudre d'ail
¼	cuillère à thé de poivre noir
450	g (1 lb) de bœuf haché
225	g (½ lb) de porc haché
1	tasse de fromage asiago râpé

1. Réserver ⅓ tasse de sauce tomate et réfrigérer. Mélanger le reste de la sauce tomate et l'œuf dans un grand bol. Incorporer l'oignon, le poivron, la chapelure, le parmesan, la poudre d'ail et le poivre noir. Ajouter le porc et le bœuf haché ; bien mélanger et façonner en pain.

2. Déposer le pain de viande sur du papier d'aluminium et placer dans la mijoteuse. Couvrir et cuire à BASSE température de 8 à 10 heures, ou à température ÉLEVÉE de 4 à 6 heures. La température interne devrait être d'au moins 76 °C (170 °F).

3. Napper le pain de viande de la sauce tomate réservée et saupoudrer d'asiago. Couvrir et cuire pendant 15 minutes ou jusqu'à ce que le fromage soit fondu. À l'aide des extrémités du papier d'aluminium, sortir le pain de viande de la mijoteuse.

Donne 8 portions

Chili de bœuf effiloché

1	rôti d'épaule de bœuf (1 à 1,5 kg – 2 à 3 lb)
1	boîte (445 ml – 15 oz) de maïs, égoutté
1	boîte (125 ml – 4 oz) de piments verts doux en dés, égouttés
1	oignon moyen, coupé en dés
	pommes de terre, coupées en dés
	poudre de chili

1. Déposer le rôti, le maïs et les piments dans la mijoteuse. Couvrir et cuire à BASSE température pendant 8 à 10 heures.

2. Une heure avant de servir, sortir le rôti et l'effilocher avec deux fourchettes. Remettre la viande dans la mijoteuse. Ajouter l'oignon, les pommes de terre et la poudre de chili, au goût. Couvrir et cuire pendant 1 heure à température ÉLEVÉE, ou jusqu'à ce que les pommes de terre soient tendres.

Donne 6 à 8 portions

Suggestion de présentation : *garnir de colby ou d'un mélange de fromages mexicains, et accompagner de tortillas ou de riz. Servir avec des haricots frits, de la laitue et des tomates, au goût.*

Si votre rôti pèse plus de 1,3 kg (2 ½ lb)*, coupez-le en deux avant de le déposer dans la mijoteuse pour vous assurer qu'il cuit bien.*

Bifteck à la paysanne

4 à 6 biftecks de bœuf, coupés en cubes

farine tout usage

1 cuillère à soupe d'huile végétale

1 sachet (30 g – 1 oz) de mélange pour soupe à l'oignon

1 paquet (30 g – 1 oz) de mélange pour sauce brune

eau

1. Enfariner les biftecks. Dans une grande poêle, à feu moyen-bas, faire chauffer l'huile. Saisir les biftecks des deux côtés. Égoutter le gras.

2. Déposer les biftecks dans la mijoteuse. Ajouter les mélanges pour soupe et pour sauce avec suffisamment d'eau pour recouvrir la viande. Couvrir et cuire à BASSE température pendant 6 à 8 heures.

Donne 4 à 6 portions

Suggestion de présentation : *servir avec une purée de pommes de terre.*

Bœuf strogonoff facile

3   boîtes (320 ml – 10¾ oz chacune) de crème de champignons ou de poulet concentrée non diluée

1   tasse de crème sure

½   tasse d'eau

1   sachet (30 g – 1 oz) de mélange pour soupe à l'oignon

900   g (2 lb) de bœuf pour ragoût

Dans la mijoteuse, mélanger la soupe, la crème sure, l'eau et le mélange pour soupe à l'oignon. Ajouter le bœuf et remuer pour bien l'enrober. Couvrir et cuire à température ÉLEVÉE pendant 3 heures, ou à BASSE température pendant 6 heures.

Donne 4 à 6 portions

Suggestion de présentation : *servez ce bœuf sur un lit de riz sauvage ou de pâtes, avec une salade et du pain italien ou français grillé.*

Astuce : *vous pouvez réduire la teneur en calories et en matières grasses de cette recette en choisissant une soupe et de la crème sure faibles en gras.*

Sauce à spaghetti de maman

7 ½	tasses d'eau		1 ½	cuillère à soupe d'origan séché
3	boîtes (500 ml – 15 oz chacune) de tomates en purée		1	cuillère à soupe de poivre noir
3	boîtes (180 ml – 6 oz chacune) de sauce tomate*		6	grosses gousses d'ail, émincées
1	boîte (env. 415 ml – 14 oz) de tomates en dés		3	feuilles de laurier
2	gros oignons, hachés		900	g à 1,3 kg (2 à 2 ½ lb) de saucisses italiennes douces ou piquantes (facultatif)
3	cuillères à soupe de sucre		1,5	kg (3 lb) de bœuf haché façonné en 35 boulettes et dorées (facultatif)
2	cuillères à soupe de sel			
1 ½	cuillère à soupe d'assaisonnement à l'italienne			

1. Déposer tous les ingrédients dans la mijoteuse, à l'exception de la saucisse et des boulettes. Bien mélanger. Si des saucisses et des boulettes sont utilisées dans la recette, diviser la sauce dans deux mijoteuses. Couvrir et cuire à température ÉLEVÉE pendant 1 heure.

2. Si deux mijoteuses sont utilisées, déposer des saucisses et des boulettes dans chacune. Couvrir et cuire à BASSE température pendant 6 à 8 heures.

Donne 10 à 12 portions

Suggestion de présentation : *servir sur du spaghetti chaud ou sur vos pâtes préférées.*

Astuce : *les restes de sauce sans viande peuvent être servis avec des poitrines de poulet désossées sans la peau, ou être utilisés comme base pour concocter une marmite de soupe aux légumes.*

* *Ajoutez plus de pâte de tomates si vous souhaitez une sauce plus épaisse.*

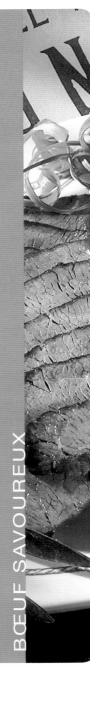

Burritos de rôti de bœuf

1	rôti d'extérieur de ronde ou de croupe de bœuf (1,5 à 2,5 kg – 3 à 5 lb)
¼	tasse d'eau
	poudre d'ail
	poivre noir
1	feuille de laurier
2	pots (475 ml – 16 oz chacun) de salsa
2	boîtes (125 ml – 4 oz chacune) de piments verts doux en dés, non égouttés
½	gros oignon jaune, en dés

1. Déposer le rôti dans la mijoteuse et y ajouter l'eau. Assaisonner de poudre d'ail et de poivre. Ajouter la feuille de laurier. Couvrir et cuire pendant 6 h à température ÉLEVÉE, ou jusqu'à ce que la viande soit tendre. Retirer et jeter la feuille de laurier.

2. Déposer la viande sur une planche à découper. Retirer et jeter le gras. Effilocher la viande à l'aide de deux fourchettes.

3. Écumer le gras de la surface du liquide de la mijoteuse et le jeter. Ajouter le bœuf effiloché, la salsa, les piments et l'oignon au liquide et mélanger pour bien combiner. Couvrir et cuire pendant 1 h à température ÉLEVÉE, ou jusqu'à ce que l'oignon soit tendre.

Donne 8 à 10 portions

Suggestion de présentation : *déposez environ 3 cuillères à soupe de viande sur une tortilla pour burrito. Ajoutez le fromage et repliez pour former le burrito. Déposer sur une assiette et chauffer au micro-ondes pendant 30 secondes pour faire fondre le fromage. Servez avec des haricots frits et du riz à la mexicaine.*

Délice à quatre étages

1 ½ **cuillère à thé de sel**

1 ½ **cuillère à thé de thym séché**

¾ **cuillère à thé de poivre noir**

225 **g (½ lb) de bacon tranché, coupé en morceaux de 2,5 cm (1 po)**

1 **bifteck de ronde ou de palette (env. 900 g – 2 lb)**

3 **grosses pommes de terre Russet, tranchées**

2 **gros oignons, émincés**

1. Dans un petit bol, mélanger le sel, le thym et le poivre, puis réserver.

2. Saupoudrer le fond de la mijoteuse de morceaux de bacon. Déposer le bifteck sur le bacon et saupoudrer de la moitié du mélange d'assaisonnements. Ajouter les pommes de terre et les oignons, puis saupoudrer du reste du mélange d'assaisonnements. Couvrir et cuire à BASSE température pendant 8 heures.

Donne 4 portions

Note : *ajouter de l'eau au besoin après plusieurs heures de cuisson.*

Bœuf épicé à l'italienne

1	rôti de palette de bœuf désossé (1,5 à 2 kg – 3 à 4 lb)
1	pot (375 ml – 12 oz) de piments peperoncinis
1	boîte (env. 415 ml – 14 oz) de bouillon de bœuf
1	bouteille (375 ml – 12 oz) de bière
1	oignon, haché fin
2	cuillères à soupe d'assaisonnement à l'italienne
1	miche de pain français, coupée en tranches épaisses
10	tranches de provolone (facultatif)

1. Retirer le surplus de gras du rôti. Couper le rôti, au besoin, pour qu'il entre dans la mijoteuse, tout en gardant les morceaux aussi gros que possible.

2. Égoutter les peperoncinis, enlever les queues et les jeter. Dans la mijoteuse, ajouter les peperoncinis, le bouillon, la bière, l'oignon et l'assaisonnement à l'italienne. Ne pas mélanger. Couvrir et cuire à BASSE température pendant 8 à 10 heures.

3. Retirer la viande de la mijoteuse et effilocher à l'aide de deux fourchettes. Remettre la viande effilochée dans la mijoteuse et bien mélanger.

4. Servir avec du pain français garni de fromage, si désiré. Ajouter plus de sauce et de peperoncinis, au goût.

Donne 8 à 10 portions

Astuce : les peperoncinis sont de petits piments doux marinés de 5 à 7 cm
(2 à 3 po) de longueur. Cherchez-les dans la section des aliments italiens
ou marinés de votre épicerie.

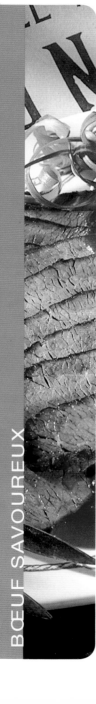

Bifteck San Marino

¼	tasse de farine tout usage
1	cuillère à thé de sel
½	cuillère à thé de poivre noir
1	bifteck de ronde de bœuf (env. 680 g – 1 ½ lb), coupé en 4 morceaux (ou 2 biftecks de haut de ronde, coupés en deux)
1	boîte (250 ml – 8 oz) de sauce tomate
2	carottes, en dés
½	oignon, haché
1	tige de céleri, coupée en dés
1	cuillère à thé d'assaisonnement à l'italienne
½	cuillère à thé de sauce Worcestershire
1	feuille de laurier
	riz cuit chaud (facultatif)

1. Dans un petit bol, mélanger la farine, le sel et le poivre. Enfariner chaque bifteck dans ce mélange et déposer dans la mijoteuse. Dans un petit bol, mélanger la sauce tomate, les carottes, l'oignon, le céleri, l'assaisonnement à l'italienne, la sauce Worcestershire et la feuille de laurier. Verser dans la mijoteuse. Couvrir et cuire à BASSE température de 8 à 10 heures, ou à température ÉLEVÉE de 4 à 5 heures.

2. Retirer et jeter la feuille de laurier. Servir les biftecks et la sauce sur du riz.

Donne 4 portions

Roulés de bœuf effiloché

1	**bifteck de flanc ou de hampe (env. 450 à 680 g – 1 à 1 ½ lb)**
1	**tasse de bouillon de bœuf**
½	**tasse de tomates séchées (pas dans l'huile), finement hachées**
3	**à 4 gousses d'ail, finement hachées**
¼	**cuillère à thé de cumin moulu**
4	**tortillas à la farine**
	garnitures de laitue déchirée, de tomates en dés et de monterey jack

1. Couper le bifteck en quatre. Dans la mijoteuse, mettre le bifteck de flanc, le bouillon de bœuf, les tomates, l'ail et le cumin. Couvrir et cuire à BASSE température de 7 à 8 heures, ou jusqu'à ce que la viande s'effiloche facilement.

2. Retirer la viande de la mijoteuse et l'effilocher à l'aide d'une fourchette ou la couper en fines lanières.

3. Verser le reste de jus qui se trouve au fond de la mijoteuse dans le mélangeur ou le robot culinaire, et mixer jusqu'à ce que la sauce soit uniforme.

4. À l'aide d'une cuillère, déposer la viande sur les tortillas avec un peu de sauce. Ajouter les garnitures désirées. Replier et servir.

Donne 4 portions

Braisé de bœuf cuit lentement

1	cuillère à soupe d'huile végétale
1	pointe de poitrine de bœuf (1,5 à 2 kg – 3 à 4 lb)
1	cuillère à soupe de poudre d'ail, répartie
1	cuillère à soupe de sel, réparti
1	cuillère à soupe de poivre noir, réparti
1	cuillère à thé de paprika, réparti
5	à 6 pommes de terre nouvelles, coupées en quartiers
4	à 5 oignons moyens, émincés
1	paquet (170 g – 6 oz) de mini carottes
1	boîte (env. 415 ml – 14 oz) de bouillon de bœuf

1. Dans la mijoteuse, faire chauffer 1 cuillère à soupe d'huile à température ÉLEVÉE. Saisir la pointe de poitrine de tous les côtés et la déposer dans une assiette. Assaisonner avec 1 ½ cuillère à thé de poudre d'ail, 1 ½ cuillère à thé de sel, 1 ½ cuillère à thé de poivre et ½ cuillère à thé de paprika. Réserver.

2. Assaisonner les pommes de terre avec 1 ½ cuillère à thé de poudre d'ail, 1 ½ cuillère à thé de sel, 1 ½ cuillère à thé de poivre et ½ cuillère à thé de paprika. Ajouter les pommes de terre et les oignons dans la mijoteuse. Cuire à température ÉLEVÉE en remuant à l'occasion, jusqu'à ce que les légumes soient bien dorés.

3. Remettre le bœuf dans la mijoteuse. Ajouter les carottes et le bouillon. Couvrir et cuire à BASSE température de 8 à 10 heures, ou à température ÉLEVÉE de 4 à 5 heures ou jusqu'à ce que la viande soit tendre.

Donne 6 à 8 portions

Sauerbraten

1	rôti de croupe de bœuf désossé (625 g – 1¼ lb)		1	cuillère à soupe de miel
3	tasses de mini carottes		½	cuillère à thé de sel
1½	tasse de petits oignons, frais ou congelés		½	cuillère à thé de moutarde sèche
¼	tasse de raisins secs		½	cuillère à thé de poivre à l'ail
½	tasse d'eau		¼	cuillère à thé de clou de girofle moulu
½	tasse de vinaigre de vin rouge		¼	tasse de biscuits au gingembre émiettés (5 biscuits)

1. Faire chauffer une grande poêle antiadhésive à feu moyen-élevé jusqu'à ce qu'elle soit chaude. Faire dorer le rôti de tous les côtés. Déposer le rôti, les carottes, les oignons et les raisins secs dans la mijoteuse.

2. Dans un grand bol, déposer l'eau, le vinaigre, le miel, le sel, la moutarde, le poivre à l'ail et les clous de girofle. Bien mélanger. Verser ce mélange sur la viande dans la mijoteuse. Couvrir et faire cuire à BASSE température de 4 à 6 heures, ou jusqu'à ce que la température interne atteigne 65 °C (145 °F) lorsque le thermomètre à viande est inséré dans la portion la plus épaisse du rôti.

3. Déposer le rôti sur une planche à découper et couvrir d'une feuille d'aluminium. Laisser reposer de 10 à 15 minutes avant de trancher. (La température interne continuera d'augmenter de 2 à 5 °C (5 à 10 °F) pendant le temps d'attente.)

4. À l'aide d'une cuillère à rainures, prendre les légumes pour les déposer dans un grand bol. Couvrir pour garder au chaud.

5. Régler la mijoteuse à la température ÉLEVÉE. Incorporer les biscuits émiettés dans la mijoteuse. Couvrir et cuire de 10 à 15 minutes à température ÉLEVÉE, ou jusqu'à ce que la sauce épaississe. Servir la viande et les légumes avec la sauce.

Donne 5 portions

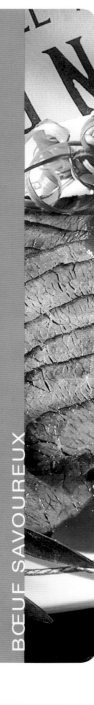

Couscous à l'espagnole

450	g (1 lb) de bœuf haché très maigre
1	boîte (env. 415 ml – 14 oz) de bouillon de bœuf
1	petit poivron vert, coupé en morceaux de 1,5 cm (½ po)
½	tasse d'olives farcies au piment, tranchées
½	oignon moyen, émincé
2	gousses d'ail, finement hachées
1	cuillère à thé de cumin moulu
½	cuillère à thé de thym séché
1⅓	tasse d'eau
1	tasse de couscous, non cuit

1. Dans une grande poêle, à feu moyen-élevé, faire cuire le bœuf haché jusqu'à ce qu'il ne soit plus rosé en remuant souvent pour en défaire les morceaux. Égoutter le gras. Déposer le bœuf dans la mijoteuse.

2. Ajouter dans la mijoteuse le bouillon, le poivron, les olives, l'oignon, l'ail, le cumin et le thym. Couvrir et cuire à BASSE température pendant 4 heures, ou jusqu'à ce que le poivron soit tendre.

3. Dans une petite casserole, amener l'eau à ébullition à feu élevé et incorporer le couscous. Couvrir et retirer du feu. Laisser reposer pendant 5 minutes, puis faire gonfler à la fourchette. Déposer quelques cuillères de couscous dans les assiettes, puis garnir du mélange au bœuf.

Donne 4 portions

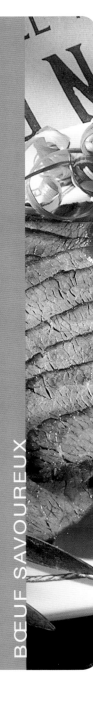

Bœuf et nouilles à la mijoteuse

1	boîte (320 ml – 10¾ oz) de soupe à l'oignon française concentrée non diluée
1	boîte (320 ml – 10¾ oz) de crème de champignons concentrée non diluée
450	à 680 g (1 à 1½ lb) de bœuf pour ragoût
1	paquet (360 g – 12 oz) de nouilles aux œufs très larges, cuites selon les instructions de l'emballage

Déposer les soupes et le bœuf dans la mijoteuse, puis mélanger. Couvrir et cuire à BASSE température de 8 à 10 heures, ou jusqu'à ce que le bœuf soit tendre. Servir avec des nouilles chaudes.

Donne 4 à 6 portions

Burger de brasserie

900	g (2 lb) de bœuf haché extra maigre
½	tasse de ketchup
¼	de tasse de cassonade bien tassée
¼	tasse de moutarde préparée
	pains à hamburgers

1. Dans une poêle moyenne, à feu moyen-élevé, faire cuire le bœuf haché jusqu'à ce qu'il ne soit plus rosé en remuant souvent pour en défaire les gros morceaux. Égoutter le gras. Déposer le bœuf dans la mijoteuse.

2. Ajouter le reste des ingrédients dans la mijoteuse, à l'exception des pains. Bien mélanger. Couvrir et cuire à BASSE température pendant 4 à 6 heures. Servir sur les pains.

Donne 8 portions

Astuce : pour rehausser la saveur de cette préparation de viande, ajouter une boîte de fèves au lard au moment d'ajouter les autres ingrédients.

Rôti de bœuf aux cornichons de papa

1	rôti de palette de bœuf (1,5 à 2 kg – 3 à 4 lb)
1	gros pot de cornichons entiers à l'aneth, non égouttés

Déposer le bœuf dans la mijoteuse. Verser les cornichons avec leur jus sur le bœuf. Couvrir et cuire à BASSE température pendant 8 à 10 heures. Effilocher la viande à l'aide de deux fourchettes.

Donne 6 à 8 portions

> **Suggestion de présentation :** *créez de succulents sandwichs en servant ce bœuf sur des pains grillés. Ou encore, pour une autre variante, servez-le avec une purée de pommes de terre.*

Ragoût de bœuf suisse

2	à 3 biftecks de haut de surlonge sans os (env. 2 kg – 4 lb)
2	boîtes (env. 415 ml – 14 oz chacune) de tomates en dés
2	poivrons verts, tranchés en lanières de 1,5 cm (½ po)
2	oignons moyens, hachés
1	cuillère à soupe de sel aromatisé
1	cuillère à thé de poivre noir

Couper chaque bifteck en 3 ou 4 morceaux, puis déposer dans la mijoteuse. Ajouter les tomates, les poivrons et les oignons. Saler et poivrer. Couvrir et cuire à BASSE température pendant 8 heures.

Donne 10 portions

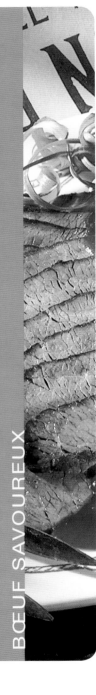

Bouts de côtes au vin rouge braisés à l'italienne

1,5 kg (3 lb) de bouts de côtes de bœuf, parées

1 cuillère à soupe d'huile végétale (plus au besoin)

2 gros oignons, émincés

2 gousses d'ail, finement hachées

2 paquets (225 g – 8 oz chacun) de champignons café, nettoyés et coupés en quartiers

2 tasses de vin rouge

2 tasses de bouillon de bœuf

2 cuillères à thé d'assaisonnement à l'italienne

sel et poivre noir

purée de pommes de terre ou polenta

1. Enduire la cocotte d'une mijoteuse de 5,2 litres (5 ½ pintes) d'aérosol de cuisson antiadhésif. Assaisonner les bouts de côtes de sel et de poivre. Dans une grande poêle, faire chauffer l'huile à feu moyen-élevé. Faire dorer les côtes de tous les côtés, quelques-unes à la fois, en ajoutant de l'huile au besoin. Déposer dans la mijoteuse au fur et à mesure qu'elles sont dorées.

2. Faire chauffer la poêle à nouveau. Ajouter les oignons, puis faire cuire en remuant souvent jusqu'à ce qu'ils soient translucides, soit pendant 3 à 5 minutes. Incorporer le reste des ingrédients, à l'exception des pommes de terre, et faire mijoter doucement. Faire cuire pendant 3 minutes, puis verser sur les côtes. Couvrir et cuire à BASSE température de 10 à 12 heures, ou à température ÉLEVÉE de 6 à 8 heures, ou jusqu'à ce que le bœuf soit tendre. Saler et poivrer au goût. Transvider les côtes et les champignons dans une assiette de service. Égoutter le liquide de cuisson, puis servir avec une purée de pommes de terre ou de la polenta et la sauce avec le liquide de cuisson.

Donne 4 à 6 portions
Temps de préparation : *20 minutes*
Temps de cuisson : *10 à 12 heures (BASSE température) ou 6 à 8 heures (température ÉLEVÉE)*

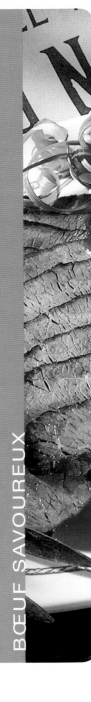

Bœuf, tomates et haricots épicés du Moyen-Orient

4	cuillères à thé d'huile d'olive extra vierge, réparti
680	g (1 ½ lb) de rôti de palette de bœuf maigre, désossé et coupé en morceaux de 2,5 cm (1 po), répartis
1	boîte (env. 415 ml – 14 oz) de tomates en dés avec poivrons et oignons, non égouttées
3	kg (6 lb) de haricots verts frais, parés et coupés en bouts de 2,5 cm (1 po)
1	tasse d'oignon émincé
½	cuillère à thé de cannelle moulue
¼	cuillère à thé de quatre-épices moulu
1 ½	cuillère à thé de sucre
¼	cuillère à thé de poudre d'ail
½	cuillère à thé de sel (ou au goût)
¼	cuillère à thé de poivre noir
	riz ou couscous cuit (facultatif)

1. Dans une grande poêle, faire chauffer 2 cuillères à thé d'huile à feu moyen-élevé. Ajouter la moitié du bœuf et faire dorer de tous les côtés en remuant souvent. Transvider dans une mijoteuse de 4 à 4,5 litres (3 ½ à 4 pintes). Répéter avec les 2 autres cuillères à thé d'huile et le reste du bœuf.

2. Incorporer les tomates, les haricots, l'oignon, la cannelle, le quatre-épices, le sucre et la poudre d'ail. Couvrir et cuire à température ÉLEVÉE pendant 4 heures, ou à BASSE température pendant 8 heures.

3. Incorporer le sel et le poivre, puis laisser reposer à découvert pendant 15 minutes pour permettre aux saveurs de se mêler, et pour que le mélange épaississe légèrement. Servir tel quel ou sur un lit de riz ou de couscous, si désiré.

Donne environ 4 portions
Temps de préparation : *30 minutes*
Temps de cuisson : *8 heures (BASSE température) ou 6 heures (température ÉLEVÉE)*

Porc succulent

Ragoût de porc et de tomates

900 g (2 lb) de porc à ragoût en cubes de 2,5 cm (1 po)

¼ tasse de farine tout usage

3 cuillères à soupe d'huile

1¼ tasse de vin blanc

900 g (2 lb) de pommes de terre rouges, coupées en morceaux de 1,5 cm (½ po)

1 boîte (env. 415 ml – 14 oz) de tomates en dés

1 tasse d'oignon finement haché

1 tasse d'eau

½ tasse de céleri coupé en dés

2 gousses d'ail, finement hachées

½ cuillère à thé de poivre noir

1 bâtonnet de cannelle

3 cuillères à soupe de persil frais, haché

1. Enfariner le porc. Dans une grande poêle, faire chauffer l'huile à feu moyen-élevé. Déposer le porc dans la poêle et dorer de tous les côtés. Déposer le porc dans la mijoteuse.

2. Verser le vin dans la poêle et amener à ébullition en raclant le fond pour récupérer ce qui a collé. Verser dans la mijoteuse.

3. Ajouter le reste des ingrédients, à l'exception du persil. Couvrir et cuire à BASSE température de 6 à 8 heures, ou jusqu'à ce que le porc et les pommes de terre soient tendres. Retirer et jeter le bâton de cannelle. Ajuster les assaisonnements au goût. Parsemer de persil et servir.

Donne 6 portions

PORC SUCCULENT

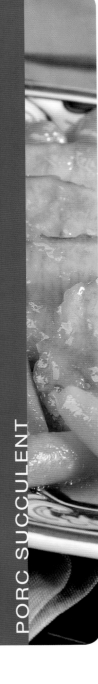

Porc tout simplement délicieux

680 g (1 ½ lb) de longe de porc désossée, coupée en 6 morceaux
(ou 6 côtelettes de longe de porc désossées)

4 pommes Golden Delicious moyennes, tranchées

3 cuillères à soupe de cassonade tassée

1 cuillère à thé de cannelle moulue

½ cuillère à thé de sel

1. Déposer le porc dans la mijoteuse et recouvrir des pommes.

2. Dans un petit bol, mélanger la cassonade, la cannelle et le sel, puis saupoudrer sur les pommes. Couvrir et cuire à BASSE température pendant 6 à 8 heures.

Donne 6 portions

Côtes du comté de Buck

4 à 6 côtes de porc désossées

1 cuillère à thé de sel

1 pot (env. 830 ml – 28 oz) de choucroute, égouttée

1 pomme moyenne, coupée en dés

1 cuillère à soupe de sucre

1 tasse de bouillon de poulet (ou 1 tasse d'eau + 1 cuillère à thé de bouillon de poulet en poudre)

purée de pommes de terre (facultatif)

1. Déposer les côtes dans la mijoteuse. Saupoudrer de sel.

2. À l'aide d'une cuillère, ajouter la choucroute sur les côtes. Garnir des morceaux de pomme. Saupoudrer de sucre. Ajouter le bouillon de poulet. Couvrir et cuire à BASSE température pendant 8 à 9 heures. Servir avec une purée de pommes de terre, si désiré.

Donne 4 à 6 portions

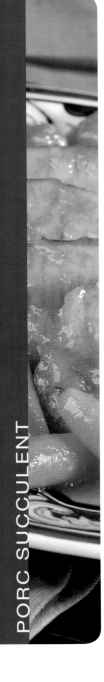

Longe de porc glacée

1	sac (450 g – 1 lb) de mini carottes
4	côtelettes de longe de porc, désossées
1	pot (250 ml – 8 oz) de confiture d'abricots

1. Placer les carottes dans la mijoteuse. Ajouter le porc sur les carottes et badigeonner de confiture.

2. Couvrir et cuire à température ÉLEVÉE pendant 4 heures, ou à BASSE température pendant 8 heures.

Donne 4 portions

Suggestion de présentation : *servir avec une purée de pommes de terre assaisonnée au goût ou au fromage.*

Chili verde

1	cuillère à soupe d'huile végétale
450	à 900 g (1 à 2 lb) de côtelettes de porc, désossées
	carottes tranchées (suffisamment pour couvrir le fond de la mijoteuse)
1	pot (710 ml – 24 oz) de salsa de piments verts douce
	oignon haché (facultatif)

1. Dans une grande poêle, à feu moyen-bas, faire chauffer l'huile. Faire dorer le porc des deux côtés. Égoutter le surplus de gras.

2. Placer les tranches de carottes dans le fond de la mijoteuse. Déposer le porc sur les carottes. Verser la salsa sur les côtelettes. Ajouter l'oignon, si désiré. Couvrir et cuire à température ÉLEVÉE de 6 à 8 heures.

Donne 4 à 8 portions

Suggestion de présentation : *vous pouvez effilocher le porc et le servir avec des tortillas.*

Porc et pommes de terre au fromage

225	g (½ lb) de porc haché cuit et émietté
½	tasse de craquelins salés, finement émiettés
⅓	tasse de sauce barbecue
1	œuf
3	cuillères à soupe de beurre ou de margarine
1	cuillère à soupe d'huile végétale
4	pommes de terre, pelées et finement tranchées
1	oignon, émincé
1	tasse de mozzarella râpée
⅔	tasse de lait évaporé
1	cuillère à thé de sel
¼	cuillère à thé de paprika
⅛	cuillère à thé de poivre noir
	persil frais, haché (facultatif)

1. Dans un grand bol, mélanger le porc, les craquelins, la sauce barbecue et l'œuf. Façonner le mélange en 6 boulettes.

2. Dans une poêle moyenne, faire chauffer le beurre et l'huile. Cuire les pommes de terre et l'oignon en remuant jusqu'à ce qu'ils soient légèrement dorés, puis égoutter. Déposer dans la mijoteuse.

3. Dans un petit bol, combiner le fromage, le lait, le sel, le paprika et le poivre. Verser dans la mijoteuse. Disposer les boulettes de porc sur le dessus.

4. Couvrir et cuire à BASSE température pendant 3 à 5 heures. Garnir de persil. Servir avec des légumes, si désiré.

Donne 6 portions

Côtelettes sucrées à la choucroute ➤

1,5	kg (3 lb) de côtelettes de porc avec l'os
½	cuillère à thé de poudre d'ail
½	cuillère à thé de poivre noir
1	paquet (950 ml – 32 oz) de choucroute
1	tasse de compote de pommes

1. Déposer le porc dans la mijoteuse. Saupoudrer de poudre d'ail et de poivre. Verser la choucroute puis la compote de pommes sur le porc.

2. Couvrir et cuire à BASSE température de 6 à 8 heures, ou jusqu'à ce que le porc soit tendre.

Donne 6 à 8 portions

Porc barbecue sur pain

1	longe de porc désossée de 900 g (2 lb)
1	oignon, haché
¾	tasse de boisson gazeuse à saveur de cola
¾	tasse de sauce barbecue
8	pains à sandwich

Dans une mijoteuse de 4,5 litres (4 pintes), mélanger tous les ingrédients à l'exception des pains ; cuire à couvert à température ÉLEVÉE pendant 5 à 6 heures, ou jusqu'à ce que le porc soit très tendre. Égoutter, puis trancher ou effilocher le porc. Servir sur des pains avec plus de sauce barbecue, au goût.

Donne 8 portions

Astuce : le porc peut être préparé une ou deux journées à l'avance ; réfrigérez dans un contenant fermé et réchauffez avant de servir.

Côtelettes de porc farcies aux légumes

4	côtelettes de longe de porc doubles, bien parées
	Sel et poivre noir
1	boîte (445 ml – 15 oz) de maïs, égoutté
1	poivron vert, coupé en morceaux
1	tasse de chapelure assaisonnée à l'italienne
1	petit oignon, émincé
½	tasse de riz précuit à grains longs, non cuit
1	boîte (250 ml – 8 oz) de sauce tomate

1. Couper les côtelettes en pochettes en commençant la coupe au point le plus proche de l'os. Saler et poivrer légèrement les pochettes. Dans un grand bol, mélanger le maïs, le poivron, la chapelure, l'oignon et le riz. Farcir le porc avec le mélange à base de riz. Fermer chaque pochette à l'aide de cure-dents.

2. Couvrir le fond de la mijoteuse avec le reste du mélange au riz. Déposer les côtelettes farcies sur le riz. Ajouter de la sauce tomate sur le dessus de chaque côtelette. Couvrir et cuire à BASSE température pendant 8 à 10 heures.

3. Déposer les côtelettes dans une assiette de service. Retirer et jeter les cure-dents. Servir les côtelettes avec le mélange à base de riz.

Donne 4 portions

Ragoût de porc et de champignons

1	rôti de longe de porc désossé (625 g – 1 ¼ lb)
1 ¼	tasse de tomates broyées en conserve, réparties
2	cuillères à soupe de fécule de maïs
2	cuillères à thé de sarriette séchée
3	tomates séchées, hachées
1	paquet (225 g – 8 oz) de champignons frais tranchés
1	gros oignon, émincé
1	cuillère à thé de poivre noir
3	tasses de nouilles cuites, chaudes

1. Vaporiser une grande poêle antiadhésive d'aérosol de cuisson et chauffer sur un feu moyen jusqu'à ce qu'elle soit chaude. Faire dorer le rôti de tous les côtés, puis réserver.

2. Dans la mijoteuse, déposer ½ tasse de tomates broyées, la fécule de maïs, la sarriette et les tomates séchées, et bien mélanger. Disposer une couche de champignons, d'oignons et de porc sur le mélange à base de tomates.

3. Verser le reste des tomates broyées sur le porc et saupoudrer de poivre. Couvrir et faire cuire à BASSE température de 4 à 6 heures, ou jusqu'à ce que la température interne du porc atteigne 74 °C (165 °F) lorsque le thermomètre à viande est inséré dans la portion la plus épaisse du rôti.

4. Déposer le rôti sur une planche à découper et couvrir d'une feuille d'aluminium. Laisser reposer pendant 10 à 15 minutes. (La température interne continuera d'augmenter de 3 à 5 °C (5 à 10 °F) pendant le temps d'attente.) Trancher le rôti. Servir avec la sauce sur des nouilles chaudes.

Donne 6 portions

Côtelettes de porc avec farce au pain de maïs, aux pacanes et aux jalape

6	côtelettes de longe de porc désossées (680 g – 1 ½ lb)
¾	tasse d'oignon émincé
¾	tasse de céleri coupé en dés
½	tasse de pacanes grossièrement hachées
½	piment jalapeño* moyen, épépiné et haché
1	cuillère à thé de sauge séchée frottée
½	cuillère à thé de romarin séché
⅛	cuillère à thé de poivre noir
4	tasses de mélange non assaisonné pour farce au pain de maïs
1 ¼	tasse de bouillon de poulet à teneur réduite en sel
1	œuf légèrement battu

1. Retirer le surplus de gras du porc et le jeter. Vaporiser une grande poêle d'aérosol de cuisson, puis chauffer à feu moyen. Ajouter le porc et cuire pendant 10 minutes ou jusqu'à ce qu'il soit doré des deux côtés. Retirer le porc de la poêle et le réserver. Ajouter l'oignon, le céleri, les pacanes, le piment jalapeño, la sauge, le romarin et le poivre noir à la poêle. Faire cuire pendant 5 minutes ou jusqu'à ce que l'oignon et le céleri soient tendres. Réserver.

2. Dans un bol de format moyen, mettre le mélange pour farce, le mélange à base de légumes et le bouillon. Ajouter l'œuf en remuant. À l'aide d'une cuillère, déposer le mélange pour farce dans la mijoteuse. Répartir le porc sur le dessus. Couvrir et cuire à BASSE température pendant 5 heures, ou jusqu'à ce que le porc soit à peine rosé au centre.

Donne 6 portions

> **Note :** *si vous préférez une farce plus humide, augmentez la quantité*
> *de bouillon à 1 ½ tasse.*

* Les piments jalapeños peuvent brûler et irriter la peau ; portez des gants en caoutchouc lorsque vous manipulez les piments et ne touchez pas à vos yeux. Lavez vos mains après la manipulation.

Tacos simples au porc effiloché ➤

900	g (2 lb) de rôti de porc, désossé
1	tasse de salsa
1	boîte (125 ml – 4 oz) de piments verts doux en dés, égouttés
½	cuillère à thé de sel d'ail
½	cuillère à thé de poivre noir
	tortillas de farine ou de maïs

1. Mélanger tous les ingrédients dans la mijoteuse, sauf les tortillas.

2. Couvrir et cuire pendant 8 heures à BASSE température, ou jusqu'à ce que la viande soit tendre. Effilocher le porc et servir sur des tortillas chaudes.

Donne 6 portions

Suggestion de présentation : *servir avec vos condiments préférés.*

Posole

1,5	kg (3 lb) de porc désossé, en cubes
3	boîtes (395 g – 14 oz chacune) de semoule de maïs blanche, égouttée
¾	tasse de sauce chili

1. Mélanger tous les ingrédients dans la mijoteuse.

2. Couvrir et cuire à température ÉLEVÉE pendant 5 heures. Réduire à BASSE température. Cuire à BASSE température pendant 10 heures.

Donne 8 portions

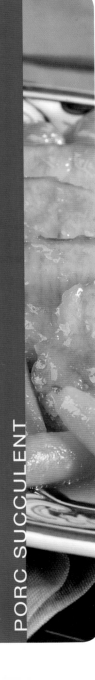

Côtes sucrées et piquantes

5	tasses de sauce barbecue
¾	de tasse de cassonade bien tassée
¼	tasse de miel
2	cuillères à soupe d'assaisonnement cajun
1	cuillère à thé de poudre d'ail
1	cuillère à soupe de poudre d'oignon
3	kg (6 lb) de côtes de dos de bœuf ou de porc, coupées en portions de 3 côtes

1. Dans un bol moyen, mêler la sauce barbecue, la cassonade, le miel, l'assaisonnement cajun, la poudre d'ail et la poudre d'oignon. Récupérer 1 tasse du mélange, puis réserver et réfrigérer pour utilisation comme sauce à trempette.

2. Déposer les côtes dans la mijoteuse. Verser le reste du mélange de sauce barbecue sur les côtes. Couvrir et cuire pendant 8 heures à BASSE température, ou jusqu'à ce que la viande soit très tendre.

3. Retirer les côtes de la mijoteuse. Écumer le gras de la sauce. Servir avec la sauce réservée.

Donne 10 portions

Suggestion de présentation : *ce plat est aussi excellent servi sur du riz.*

Pour faciliter son nettoyage, *vaporiser l'intérieur de la cocotte de la mijoteuse d'un aérosol de cuisson antiadhésif avant d'ajouter les ingrédients.*

Filet de porc au thym et aux haricots blancs

2	à 3 filets de porc (1 à 1,5 kg – 2 à 3 lb), ou 1 rôti de contre-filet de porc désossé (1,5 à 2 kg – 3 à 4 lb)
1	bulbe d'ail, gousses séparées et pelées
	sel
	poivre blanc
2	tasses de haricots blancs secs, rincés, triés et trempés toute la nuit
1	tasse de vin rouge
¾	tasse de vin blanc
¼	tasse d'eau chaude
2	cuillères à thé de thym séché
2	cuillères à thé d'origan séché
1	cuillère à thé d'ail haché
1	cuillère à thé de bicarbonate de soude
2	oignons jaunes, en quartiers
1	poireau moyen, coupé en tranches de 3 mm (⅛ po)
1	cuillère à soupe d'huile d'olive
1	cuillère à soupe de beurre fondu

1. À l'aide d'un couteau à éplucher, faire des entailles d'environ 2,5 cm (1 po) de profondeur un peu partout autour des filets. Insérer une gousse d'ail dans chaque trou. Saler et poivrer.

2. Égoutter les haricots et les déposer dans la mijoteuse. Ajouter le vin, l'eau, le thym, l'origan, l'ail haché et le bicarbonate de soude. Bien mélanger. Garnir des oignons, du poireau et du porc. Mélanger l'huile et le beurre, puis verser sur le porc.

3. Couvrir et cuire à BASSE température de 6 à 8 heures, ou jusqu'à ce que les haricots et le porc soient bien cuits.

Donne 10 à 12 portions

Côtes à la paysanne

4	à 6 côtes avec l'os (1 à 1,5 kg – 2 à 3 lb), parées
	sel et poivre noir
1½	tasse d'oignon émincé
1	bouteille (592 à 710 ml – 20 à 24 oz) de ketchup
2	tasses plus 2 cuillères à soupe d'eau, réparti
1	pot (env. 475 ml – 16 oz) de compote de pommes non sucrée
2	cuillères à soupe de cassonade tassée
½	cuillère à thé de sauce au piment fort (facultatif)
1	cuillère à soupe de fécule de maïs

1. Faire chauffer une grande poêle antiadhésive à feu moyen-élevé. Saler et poivrer les côtes. Déposer les côtes dans la poêle, 1 ou 2 à la fois, puis les faire dorer des deux côtés. Déposer dans une grande assiette. Répéter avec le reste des côtes.

2. Ajouter l'oignon et faire cuire en remuant jusqu'à ce qu'il soit tendre. Retirer la poêle du feu.

3. Dans la mijoteuse, déposer le ketchup, 2 tasses d'eau, la compote de pommes, la cassonade et la sauce au piment fort (facultatif). Bien mélanger. Incorporer les oignons cuits et les égouttures de la poêle. Ajouter les côtes en les coupant au besoin pour qu'elles entrent dans la mijoteuse. Couvrir et cuire à BASSE température ou à température MOYENNE-BASSE de 6 à 8 heures, ou jusqu'à ce que la viande soit cuite et très tendre.

4. Déposer les côtes dans une grande assiette. Dans la mijoteuse, écumer le gras de la sauce, au besoin. Mélanger la fécule de maïs et 2 cuillères à soupe d'eau, puis bien mélanger pour obtenir une pâte épaisse. Incorporer la pâte de fécule de maïs à la sauce, dans la mijoteuse, et cuire à température ÉLEVÉE pendant 5 à 10 minutes ou jusqu'à ce que la sauce commence à épaissir.

5. Remettre les côtes dans la sauce épaissie et remuer pour bien les enrober.

Donne 4 à 6 portions

PORC SUCCULENT

Côtes de porc à l'orientale sur nouilles épicées

1	boîte (env. 415 ml – 14 oz) de bouillon de bœuf
½	tasse d'eau
¼	tasse de vinaigre de vin de riz
1	morceau de 5 cm (2 po) de gingembre frais, pelé et râpé
1	tasse de shiitakes séchés, tranchés
¼	cuillère à thé de flocons de piment
1	cuillère à soupe de poudre de cinq-épices chinois
1	cuillère à thé de gingembre moulu
1	cuillère à thé de poudre de chili
1	cuillère à soupe d'huile de sésame grillée (foncée)
2	carrés entiers de côtes de dos de porc (env. 1,8 kg – 4 lb au total)
¾	tasse de sauce hoisin, répartie
450	g (1 lb) de spaghettis cuits selon les instructions de l'emballage
¼	tasse d'oignons verts, finement hachés
¼	tasse de coriandre fraîche, hachée

1. Dans une mijoteuse de 7 litres (6 pintes), incorporer le bouillon de bœuf, l'eau, le vinaigre de vin de riz, le gingembre râpé, les shiitakes et les flocons de piment.

2. Mélanger la poudre de cinq-épices, le gingembre moulu, la poudre de chili et l'huile de sésame pour obtenir une pâte. Tamponner les côtes avec du papier essuie-tout pour les assécher. Frotter les deux côtés des côtes avec la pâte d'épices, et badigeonner avec la moitié de la sauce hoisin.

3. Déposer les côtes dans la mijoteuse avec le liquide de cuisson préparé. Ne pas remuer. Couvrir et cuire à BASSE température de 8 à 10 heures, ou à température ÉLEVÉE de 5 à 6 heures, ou jusqu'à ce que la viande soit tendre lorsque percée à la fourchette. Déposer les côtes sur un plateau et badigeonner du reste de la sauce hoisin. Garder au chaud jusqu'au moment de servir. Pendant ce temps, écumer le gras du jus de cuisson.

4. Déposer les spaghettis chauds dans un bol peu profond. À l'aide d'une cuillère, verser du bouillon chaud sur les spaghettis et saupoudrer d'oignon vert et de coriandre. Trancher les côtes et les servir sur les pâtes.

Donne 4 portions
Temps de préparation : *20 minutes*
Temps de cuisson : *8 à 10 heures (BASSE température) ou 5 à 6 heures (température ÉLEVÉE)*

Filet de porc à la chinoise

2	filets de porc (env. 900 g – 2 lb au total)
1	poivron vert, épépiné et coupé en dés de 1,5 cm (½ po)
1	poivron rouge, épépiné et coupé en dés de 1,5 cm (½ po)
1	oignon moyen, émincé
2	carottes, pelées et finement tranchées
1	pot (445 ml – 15 oz) de sauce aigre-douce
1	cuillère à soupe de sauce soya
½	cuillère à thé de sauce au piment fort
	riz blanc cuit
	coriandre ou persil frais, hachés (facultatif)

1. Couper le porc en cubes de 2,5 cm (1 po) et les déposer dans une mijoteuse de 5,7 ou 7 litres (5 ou 6 pintes).

2. Ajouter les poivrons en dés, l'oignon, les carottes, la sauce aigre-douce, la sauce soya et la sauce au piment fort. Mélanger les ingrédients. Couvrir et cuire à BASSE température de 6 à 7 heures, ou à température ÉLEVÉE de 4 à 5 heures. Remuer juste avant de servir. Présenter sur du riz chaud et saupoudrer de coriandre hachée.

Donne 8 portions
Temps de préparation : *15 minutes*
Temps de cuisson : *6 à 7 heures (BASSE température) ou 4 à 5 heures (température ÉLEVÉE)*

Jambon sauce fruitée au bourbon

1	**jambon avec l'os, dans la fesse (env. 2,75 kg – 6 lb)**
½	**tasse de jus de pomme**
¾	**tasse de cassonade foncée bien tassée**
½	**tasse de raisins secs**
1	**cuillère à thé de cannelle moulue**
¼	**cuillère à thé de flocons de piment**
⅓	**tasse de cerises séchées**
¼	**tasse de fécule de maïs**
¼	**tasse de bourbon, de rhum ou de jus de pomme**

1. Enduire la cocotte d'une mijoteuse de 5,7 litres (5 pintes) d'aérosol de cuisson antiadhésif. Ajouter le jambon, côté coupé sur le dessus. Dans un petit bol, mettre le jus de pomme, la cassonade, les raisins secs, la cannelle et les flocons de piment. Bien mélanger. Verser le mélange le plus uniformément possible sur le jambon. Couvrir et cuire à BASSE température de 9 à 10 heures, ou à température ÉLEVÉE de 4 h 30 à 5 heures. Ajouter les cerises 30 minutes avant la fin du temps de cuisson.

2. Déposer le jambon sur une planche à découper. Laisser reposer pendant 15 minutes avant de le trancher.

3. Verser le jus de cuisson dans une grande tasse à mesurer et laisser reposer pendant 5 minutes. Écumer le gras et le jeter. Remettre le jus de cuisson dans la mijoteuse.

4. Régler la mijoteuse à la température ÉLEVÉE. Dans un petit bol, fouetter ensemble la fécule de maïs et le bourbon jusqu'à ce que la fécule soit bien dissoute. Incorporer au jus de cuisson. Couvrir et cuire de 15 à 20 minutes de plus à température ÉLEVÉE, ou jusqu'à ce que la sauce épaississe. Servir la sauce sur les tranches de jambon.

Donne 10 à 12 portions
Temps de préparation : *5 minutes*
Temps de cuisson : *9 à 10 heures (BASSE température) ou 4 h 30 à 5 heures (température ÉLEVÉE)*

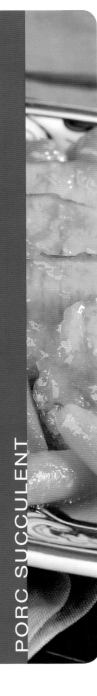

Ragoût de porc et de patate douce charqui

2	cuillères à soupe de farine tout usage		4	cuillères à soupe d'oignons verts, hachés fins et répartis
¼	cuillère à thé de sel		1	gousse d'ail, finement hachée
¼	cuillère à thé de poivre noir		½	piment Scotch Bonnet ou jalapeño* moyen, évidé, épépiné et haché
625	g (1 ¼ lb) d'épaule de porc en cubes de la taille d'une bouchée		⅛	cuillère à thé de quatre-épices moulu
2	cuillères à soupe d'huile végétale		1	tasse de bouillon de poulet
1	grosse patate douce, pelée et coupée en dés		1	cuillère à soupe de jus de lime
1	tasse de maïs		2	tasses de riz cuit (facultatif)

1. Dans un grand sac refermable pour aliments, mélanger la farine, le sel et le poivre. Ajouter le porc et bien remuer pour l'enrober. Faire chauffer l'huile à feu moyen dans une grande poêle à frire. Ajouter le porc petit à petit pour former une seule couche et faire dorer les cubes de tous les côtés, pendant environ 5 minutes. Transvider dans une mijoteuse de 4,5 à 5,7 litres (4 à 5 pintes).

2. Ajouter la patate douce, 2 cuillères à soupe d'oignon vert, l'ail, le piment et le quatre-épices. Incorporer le bouillon. Couvrir et cuire à BASSE température pendant 5 à 6 heures.

3. Incorporer le jus de lime et les 2 autres cuillères à soupe d'oignon vert. Servir sur un lit de pâtes ou de riz.

Donne 4 portions
Temps de préparation : *15 minutes*
Temps de cuisson : *5 à 6 heures (BASSE température)*

* Les piments forts peuvent brûler et irriter la peau ; portez des gants en caoutchouc lorsque vous manipulez les piments et ne touchez pas à vos yeux.

Mini tacos carnitas

680	**g (1 ½ lb) de longe de porc désossée, coupée en cubes de 2,5 cm (1 po)**
1	**oignon, finement haché**
½	**tasse de bouillon de poulet à teneur réduite en sel**
1	**cuillère à soupe de poudre de chili**
2	**cuillères à thé de cumin moulu**
1	**cuillère à thé d'origan séché**
½	**cuillère à thé de piments chipotles hachés dans leur sauce**

½	**tasse de salsa *pico de gallo***
2	**cuillères à soupe de coriandre fraîche, hachée**
½	**cuillère à thé de sel**
12	**tortillas de farine ou de maïs de 15 cm (6 po) de diamètre**
¾	**tasse de cheddar fort râpé (facultatif)**
3	**cuillères à soupe de crème sure (facultatif)**

1. Dans une mijoteuse de 4 à 4,5 litres (3 ½ à 4 pintes), mélanger le porc, l'oignon, le bouillon, la poudre de chili, le cumin, l'origan et le chipotle. Couvrir et cuire à BASSE température pendant 6 heures, ou à température ÉLEVÉE pendant 3 heures, ou jusqu'à ce que le porc soit très tendre. Retirer le surplus du jus de cuisson.

2. Effilocher le porc à l'aide de deux fourchettes, puis incorporer la salsa *pico de gallo*, la coriandre et le sel. Couvrir et garder au chaud à BASSE température ou au réglage réchaud jusqu'au moment de servir.

3. À l'aide d'un emporte-pièce rond de 5 cm (2 po), découper 3 cercles dans chaque tortilla. Garnir chacun des cercles de porc et, au goût, de cheddar et de crème sure. Servir chaud.

Donne 36 petits tacos
Temps de préparation : *20 minutes*
Temps de cuisson : *6 heures (BASSE température) ou 3 heures (température ÉLEVÉE)*

__Astuce :__ les carnitas, ou « petites viandes » en espagnol, sont une façon festive de mettre du piquant dans un repas. Traditionnellement, ils contiennent beaucoup de lard, mais la cuisson lente que permet la mijoteuse rend le plat plus sain en éliminant le besoin d'ajouter du gras, tout en gardant la viande tendre et goûteuse.

Volaille fumante

Poulet et légumes à la créole

1	boîte (env. 415 ml – 14 oz) de tomates en dés sans sel ajouté		1	cuillère à thé de thym séché
225	g d'okra congelé en morceaux		1	feuille de laurier
2	tasses de poivrons verts, coupés en dés		450	g (1 lb) de filets de poitrine de poulet, coupés en cubes de la taille d'une bouchée
1	tasse d'oignon jaune finement haché		1	cuillère à soupe d'huile d'olive
¾	tasse de céleri tranché		1 ½	cuillère à thé de sucre
1	tasse de bouillon de poulet sans gras et à teneur réduite en sel		¾	cuillère à thé d'assaisonnement créole
2	cuillères à thé de sauce Worcestershire			sauce au piment fort (facultatif)
			¼	tasse de persil haché

1. Vaporiser la cocotte d'une mijoteuse de 4 à 4,5 litres (3 ½ à 4 pintes) d'aérosol de cuisson antiadhésif. Ajouter les tomates, l'okra, les poivrons, les oignons, le céleri, le bouillon, la sauce Worcestershire, le thym et la feuille de laurier. Couvrir et cuire à BASSE température pendant 9 heures, ou à température ÉLEVÉE pendant 4 h 30.

2. Faire chauffer l'huile à feu moyen-élevé dans une poêle antiadhésive de 25 cm (10 po). Enduire la poêle d'aérosol de cuisson. Ajouter le poulet, puis faire cuire en remuant souvent pendant 6 minutes ou jusqu'à ce qu'il soit légèrement doré. Déposer dans la mijoteuse avec le reste des ingrédients, à l'exception du persil. Régler la mijoteuse à la température ÉLEVÉE et cuire pendant 15 minutes pour que les saveurs se marient. Incorporer le persil.

Donne 8 portions

Astuce : l'okra congelé n'a pas besoin d'être décongelé pour réaliser cette recette. L'okra contribue à faire épaissir le plat, alors que le sucre contribue à l'élimination du goût acide des tomates.

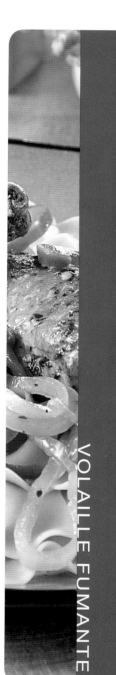

VOLAILLE FUMANTE

Poulet et nouilles aux trois fromages

3	tasses de poulet cuit haché
1 ½	tasse de fromage cottage
1	boîte (320 ml – 10 ¾ oz) de crème de poulet concentrée non diluée
1	paquet (225 g – 8 oz) de nouilles aux œufs cuites et égouttées
1	tasse de monterey jack râpé
½	tasse de parmesan râpé
½	tasse d'oignon en dés
½	tasse de céleri en dés
½	tasse de poivron vert en dés
½	tasse de poivron rouge en dés
½	tasse de bouillon de poulet
1	boîte (125 ml – 4 oz) de champignons tranchés, égouttés
2	cuillères à soupe de beurre fondu
½	cuillère à thé de thym séché

Mélanger tous les ingrédients dans la mijoteuse. Couvrir et cuire à BASSE température de 6 à 8 heures, ou à température ÉLEVÉE de 3 à 4 heures.

Donne 6 portions

Une rotation rapide du couvercle *de la mijoteuse permet d'éliminer la condensation qui s'y est accumule. Vous pourrez ainsi voir les aliments sans retirer le couvercle et perdre de chaleur.*

VOLAILLE FUMANTE

Poulet et riz à la mijoteuse ➤

3	boîtes (320 ml – 10¾ oz chacune) de crème de poulet concentrée non diluée
2	tasses de riz instantané non cuit
1	tasse d'eau
450	g (1 lb) de poitrines de poulet désossées sans la peau, ou de filets de poitrine de poulet
½	cuillère à thé de sel
¼	cuillère à thé de paprika
¼	cuillère à thé de poivre noir
½	tasse de céleri en dés

Dans la mijoteuse, mélanger la soupe, le riz et l'eau. Ajouter le poulet, puis assaisonner de sel, de paprika et de poivre. Saupoudrer le céleri sur le poulet. Couvrir et cuire à BASSE température de 6 à 8 heures, ou à température ÉLEVÉE de 3 à 4 heures.

Donne 4 portions

Poulet et sauce faciles à la mijoteuse

2	boîtes (320 ml – 10¾ oz chacune) de crème de poulet concentrée non diluée
6	à 8 cuisses, poitrines ou morceaux de poulet

Verser 1 boîte de crème de poulet dans la mijoteuse. Ajouter le poulet. Verser le reste de la crème de poulet sur les ingrédients. Couvrir et cuire à BASSE température pendant 8 à 10 heures.

Donne 6 portions

Note : la soupe permet de créer une sauce délicieuse à servir sur des pâtes, sur du riz ou même sur des pommes de terre.

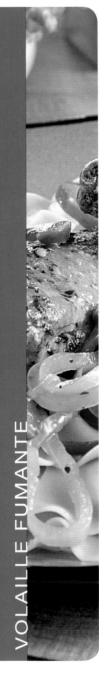

Fajitas de poulet avec sauce barbecue cow-boy

SAUCE BARBECUE COW-BOY

1	boîte (250 ml – 8 oz) de sauce tomate
1/3	tasse d'oignons verts hachés
1/4	tasse de ketchup
2	cuillères à soupe d'eau
2	cuillères à soupe de jus d'orange
2	gousses d'ail, finement hachées
1	cuillère à soupe de vinaigre de cidre
1	cuillère à soupe de sauce chili
1/2	cuillère à thé d'huile végétale
	trait de sauce Worcestershire

FAJITAS

285	g (10 oz) de poitrines de poulet désossées sans la peau, coupées en lanières de 1,5 cm (½ po)
2	poivrons verts ou rouges, finement tranchés
1	tasse d'oignon émincé
2	tasses de quartiers de tomates
4	tortillas de farine de 15 cm (6 po) de diamètre, chaudes

1. Mélanger tous les ingrédients de la sauce barbecue dans la mijoteuse. Couvrir et cuire à température ÉLEVÉE pendant 1 h 30.

2. Vaporisez la poêle d'aérosol de cuisson antiadhésif. Ajouter le poulet, puis faire cuire à feu moyen en remuant à l'occasion, jusqu'à ce qu'il soit doré. Réduire à feu bas. Ajouter le poulet cuit, les poivrons et 1 tasse d'oignon dans la mijoteuse. Mélanger pour bien enrober tous les ingrédients. Couvrir et cuire à BASSE température de 3 à 4 heures, ou jusqu'à ce que le poulet ne soit plus rose au centre et que les légumes soient tendres.

3. Ajouter les tomates et couvrir et cuire à BASSE température de 30 à 45 minutes, ou jusqu'à ce que tous les ingrédients soient bien chauds. Servir avec des tortillas chaudes.

Donne 4 portions

Dinde du Sud-Ouest aux piments et à la crème

1	boîte (env. 445 ml – 15 oz) de maïs, égoutté
1	boîte (125 ml – 4 oz) de piments verts doux en dés, égouttés
1	poitrine de poulet désossée sans la peau, coupée en morceaux de 2,5 cm (1 po)
2	cuillères à soupe plus 2 cuillères à thé de farine tout usage, répartie
1	cuillère à soupe de beurre
½	tasse de bouillon de poulet
1	gousse d'ail, finement hachée
1	cuillère à thé de sel
½	cuillère à thé de paprika
¼	cuillère à thé d'origan séché
¼	cuillère à thé de poivre noir
½	tasse de crème 15 % champêtre
2	cuillères à soupe de coriandre fraîche, hachée
3	tasses de pâtes ou de riz cuits, chauds

1. Mettre le maïs et les piments verts dans la mijoteuse.

2. Enfariner les morceaux de dinde dans 2 cuillères à soupe de farine. Faire fondre le beurre à feu moyen dans une poêle à frire antiadhésive. Ajouter les morceaux de dinde et faire dorer de tous les côtés. Transvider la dinde dans la mijoteuse. Ajouter le bouillon, l'ail, le sel, le paprika, l'origan et le poivre. Couvrir et cuire à BASSE température pendant 2 heures, ou jusqu'à ce que la dinde ne soit plus rosée au centre.

3. Déposer la crème et 2 cuillères à thé de farine dans un petit bol, puis mélanger jusqu'à l'obtention d'une consistance lisse. Verser le mélange dans la mijoteuse. Couvrir et cuire pendant 10 minutes à température ÉLEVÉE, ou jusqu'à ce que la sauce ait légèrement épaissi. Incorporer la coriandre. Servir sur du riz.

Donne 6 portions de 1 ½ tasse

VOLAILLE FUMANTE

Tacos à la dinde

450	g (1 lb) de dinde hachée
1	oignon moyen, émincé
1	boîte (180 ml – 6 oz) de pâte de tomates
½	tasse de salsa à gros morceaux
1	cuillère à soupe de coriandre fraîche, hachée
¾	cuillère à thé de sel, réparti
1	cuillère à soupe de beurre
1	cuillère à soupe de farine tout usage
⅓	tasse de lait
½	tasse de crème sure
	piment rouge moulu
8	coquilles à tacos

1. Dans une grande poêle, faire cuire la dinde et l'oignon à feu moyen-élevé en remuant pour défaire les morceaux, jusqu'à ce que la viande ne soit plus rose. Déposer dans la mijoteuse.

2. Dans la mijoteuse, ajouter la pâte de tomates, la salsa, la coriandre et ½ cuillère à thé de sel. Couvrir et cuire à BASSE température pendant 4 à 5 heures.

3. Avant de servir, faire fondre le beurre à feu doux dans une petite poêle. Incorporer la farine et ¼ cuillère à thé de sel, puis faire cuire pendant 1 minute. Incorporer graduellement le lait. Cuire à feu doux en remuant jusqu'à épaississement. Retirer du feu.

4. Dans un petit bol, mélanger la crème sure et le piment rouge moulu saupoudré. Incorporer au mélange de lait chaud. Remettre sur le feu et cuire à feu bas pendant 1 minute en remuant sans arrêt.

5. Déposer ¼ tasse de mélange à la dinde dans chaque coquille et garder au chaud. À l'aide d'une cuillère, déposer le mélange à la crème sure sur la garniture pour taco.

Donne 8 portions

Poulet et légumes du monde ancien

1	cuillère à soupe d'origan séché
1	cuillère à thé de sel, réparti
1	cuillère à thé de paprika
½	cuillère à thé de poudre d'ail
¼	cuillère à thé de poivre noir
2	poivrons verts moyens, coupés en fines lanières
1	petit oignon jaune, finement émincé
1	poulet entier (env. 1,5 kg – 3 lb), coupé en morceaux
⅓	tasse de ketchup
170	g (6 oz) de nouilles aux œufs non cuites

1. Dans un petit bol, déposer l'origan, ½ cuillère à thé de sel, le paprika, la poudre d'ail et le poivre noir. Bien mélanger.

2. Déposer les poivrons et l'oignon dans la mijoteuse. Garnir des cuisses et des hauts de cuisses de poulet. Saupoudrer la moitié du mélange à l'origan. Garnir des poitrines de poulet. Saupoudrer l'autre moitié du mélange à l'origan. Couvrir et cuire à température ÉLEVÉE pendant 4 heures, ou à BASSE température pendant 8 heures. Incorporer le ketchup et l'autre ½ cuillère à thé de sel.

3. Juste avant de servir, faire cuire les nouilles conformément aux instructions de l'emballage, et égoutter. Servir le poulet et les légumes sur un lit de nouilles.

Donne 4 portions

Poulet San Marino

1	poulet (1,5 kg – 3 lb) sans la peau, coupé en morceaux
¼	tasse de farine tout usage
1	boîte (250 ml – 8 oz) de sauce tomate
⅓	tasse de tomates séchées dans l'huile, hachées
¼	tasse de vin rouge
1	cuillère à soupe de zeste de citron
2	tasses de champignons tranchés
2	tasses d'oignons frits, répartis
	riz cuit ou pâtes cuites (facultatif)

1. Enfariner légèrement les morceaux de poulet. Déposer le poulet dans la mijoteuse. Ajouter la sauce tomate, les tomates séchées, le vin et le zeste de citron. Couvrir et cuire à BASSE température pendant 4 heures, ou à température ÉLEVÉE pendant 2 heures.

2. Ajouter les champignons et 1 tasse d'oignons frits à la française. Couvrir et cuire à BASSE température pendant 2 heures, ou à température ÉLEVÉE pendant 1 heure, jusqu'à ce que le poulet ne soit plus rose. Déposer le poulet sur un plateau chaud. Écumer le gras de la sauce.

3. Servir avec du riz ou des pâtes si désiré. Napper de sauce et saupoudrer du reste des oignons.

Donne 4 portions
Temps de préparation : *5 minutes*
Temps de cuisson : *6 heures*

Fusilli pizzaiola avec boulettes de dinde

2	boîtes (env. 415 ml – 14 oz chacune) de tomates entières sans sel ajouté
1	boîte (250 ml – 8 oz) de sauce tomate sans sel ajouté
¼	tasse d'oignon émincé
¼	tasse de carotte râpée
2	cuillères à soupe de basilic frais, haché
2	cuillères à soupe de pâte de tomates sans sel ajouté
1	gousse d'ail, finement hachée
½	cuillère à thé de thym séché
¼	cuillère à thé de sucre
¼	cuillère à thé de poivre noir, réparti
1	feuille de laurier
450	g (1 lb) de dinde hachée très maigre
1	œuf légèrement battu
1	cuillère à soupe de lait écrémé
¼	tasse de chapelure assaisonnée à l'italienne
2	cuillères à soupe de persil frais, haché
225	g (8 oz) de fusillis ou de toute autre pâte en spirale non cuite

1. Dans la mijoteuse, mélanger les tomates, la sauce tomate, l'oignon, les carottes, le basilic, la pâte de tomates, l'ail, le thym, le sucre, ⅛ cuillère à thé de poivre et la feuille de laurier. Briser les tomates avec une cuillère en bois. Couvrir et cuire à BASSE température pendant 4 h 30 à 5 heures.

2. Préparer les boulettes environ 45 minutes avant la fin de la cuisson. Préchauffer le four à 180 °C (350 °F). Mélanger la dinde, l'œuf et le lait, puis incorporer la chapelure, le persil et ⅛ cuillère à thé de poivre. Façonner les boulettes les mains mouillées. Vaporiser la plaque d'aérosol de cuisson antiadhésif. Y répartir les boulettes et faire cuire pendant 25 minutes ou jusqu'à ce que la chair ne soit plus rose.

3. Déposer les boulettes dans la mijoteuse. Couvrir et cuire entre 45 minutes et 1 heure, ou jusqu'à ce que les boulettes soient bien chaudes. Retirer et jeter la feuille de laurier. Faire cuire les pâtes conformément aux instructions de l'emballage, puis égoutter. Déposer les pâtes dans un bol de service, et garnir des boulettes et de la sauce.

Donne 4 portions

Saucisse de dinde et riz à l'italienne

450 g (1 lb) de saucisse italienne de dinde maigre, coupée en morceaux de 2,5 cm (1 po)

1 boîte (445 ml – env. 15 oz) de haricots pinto, rincés et égouttés

1 tasse de sauce tomate pour pâtes

1 poivron vert, coupé en lanières

1 petit oignon, coupé en deux et émincé

½ cuillère à thé de sel

¼ cuillère à thé de poivre noir

riz cuit chaud (facultatif)

persil frais, haché (facultatif)

1. Dans une grande poêle antiadhésive, faire dorer la saucisse à feu moyen en remuant souvent pour défaire la viande en morceaux. Égoutter le gras.

2. Déposer la saucisse, les haricots, la sauce pour pâtes, le poivron, l'oignon, le sel et le poivre noir dans la mijoteuse. Couvrir et cuire à BASSE température pendant 4 à 6 heures.

3. Servir avec du riz. Garnir de basilic.

Donne 5 portions

> ***Faire brunir la viande*** *avant de l'ajouter à la mijoteuse contribue à réduire la quantité de gras dans le plat apprêté. N'oubliez pas d'égoutter le gras de la poêle avant de transvider la viande dans la mijoteuse.*

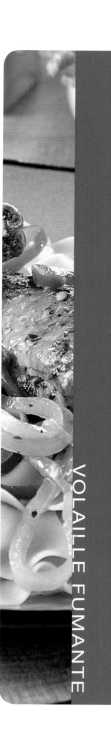

VOLAILLE FUMANTE

Coq au vin en toute simplicité

4	cuisses de poulet
	sel et poivre noir
2	cuillères à soupe d'huile d'olive
225	g (8 oz) de champignons frais, tranchés
1	oignon, tranché en rondelles
½	tasse de vin rouge
½	cuillère à thé de basilic séché
½	cuillère à thé de thym séché
½	cuillère à thé d'origan séché
	riz cuit chaud (facultatif)

1. Assaisonner le poulet de sel et de poivre. Dans une grande poêle, faire chauffer l'huile et faire dorer le poulet de tous les côtés. Déposer le poulet dans la mijoteuse.

2. Faire revenir l'oignon et les champignons dans la même poêle. Ajouter le vin au jus de cuisson et racler le fond de la poêle pour récupérer ce qui a collé. Ajouter à la mijoteuse. Saupoudrer de basilic, de thym et d'origan. Couvrir et cuire à BASSE température de 8 à 10 heures, ou à température ÉLEVÉE de 3 à 4 heures.

3. Servir le poulet et la sauce sur du riz.

Donne 4 portions

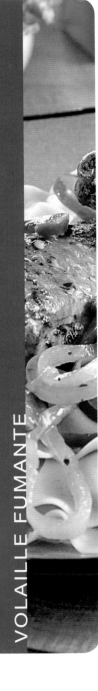

Poulet cuit lentement de Kat

4	à 6 poitrines de poulet désossées sans la peau, ou 1 poulet entier coupé en morceaux (env. 3 lb)
1	pot (env. 770 ml – 26 oz) de sauce tomate pour pâtes
1	oignon moyen, émincé
1	poivron vert moyen, coupé en lanières
4	carottes, tranchées
1	tige de céleri, tranchée
4	gousses d'ail, finement hachées
½	cuillère à thé de sel
2	à 4 cuillères à soupe d'eau, réparti
1	à 2 cuillères à soupe de fécule de maïs
	purée de pommes de terre ou pâtes cuites chaudes

1. Mélanger tous les ingrédients dans la mijoteuse, à l'exception de l'eau, de la fécule de maïs et de la purée de pommes de terre. Couvrir et cuire à BASSE température pendant 6 à 8 heures.

2. Dans un petit bol, combiner 2 cuillères à soupe d'eau et 1 cuillère à soupe de fécule de maïs, puis mélanger jusqu'à ce que le mélange soit lisse. Ajouter dans la mijoteuse et la régler à la température ÉLEVÉE. Cuire pendant 15 minutes ou jusqu'à ce que la sauce ait épaissi. Ajouter le reste de l'eau et de la fécule de maïs s'il est nécessaire d'épaissir davantage la sauce.

3. Servir le poulet et les légumes avec des pommes de terre ou sur des pâtes.

Donne 4 à 6 portions

Cari de poulet

2	poitrines de poulet désossées sans la peau, coupées en morceaux de 2 cm (¾ po)
1	tasse de pommes grossièrement coupées, réparties
1	petit oignon, émincé
3	cuillères à soupe de raisins secs
1	gousse d'ail finement hachée
1	cuillère à thé de poudre de cari
¼	cuillère à thé de gingembre moulu
⅓	tasse d'eau
1½	cuillère à thé de bouillon de poulet en poudre
1½	cuillère à thé de farine tout usage
¼	tasse de crème sure
½	cuillère à thé de fécule de maïs
½	tasse de riz blanc, non cuit

1. Dans la mijoteuse, mélanger le poulet, ¾ tasse de pommes, l'oignon, les raisins secs, l'ail, la poudre de cari et le gingembre. Mélanger l'eau et le bouillon dans un petit bol jusqu'à dissolution. Incorporer la farine jusqu'à l'obtention d'une consistante lisse. Ajouter dans la mijoteuse. Couvrir et cuire à BASSE température de 3 h 30 à 4 heures, ou jusqu'à ce que l'oignon soit tendre et le poulet bien cuit.

2. Dans un grand bol, mélanger la crème sure et la fécule de maïs. Éteindre la mijoteuse. Transvider le jus de cuisson du mélange au poulet au mélange à la crème sure, et remuer jusqu'à ce qu'ils soient bien mélangés. Réincorporer le mélange au contenu de la mijoteuse. Couvrir et cuire entre 5 et 10 minutes, ou jusqu'à ce que la sauce soit bien chaude.

3. Pendant ce temps, faire cuire le riz conformément aux instructions de l'emballage. Servir le cari de poulet sur du riz et garnir du reste des pommes.

Donne 2 portions

Astuce : *parsemer d'oignons verts émincés tout juste avant de servir.*

Poulet à l'italienne

1	**poulet entier (env. 2,5 kg – 5 lb), coupé en quarts**
1	**tasse d'eau**
1	**boîte (250 ml – 8 oz) de sauce tomate**
1	**paquet (170 g – 6 oz) d'assaisonnement pour sauce à spaghetti**
1	**boîte (250 ml – 8 oz) de champignons tranchés, égouttés**
1	**cuillère à thé d'assaisonnement à l'italienne**

1. Déposer le poulet dans la mijoteuse. Dans un petit bol, mélanger l'eau, la sauce tomate et le sachet d'assaisonnement, puis verser sur le poulet.

2. Mettre les champignons sur la sauce et saupoudrer d'assaisonnement à l'italienne. Couvrir et cuire à BASSE température pendant 4 heures.

Donne 4 portions

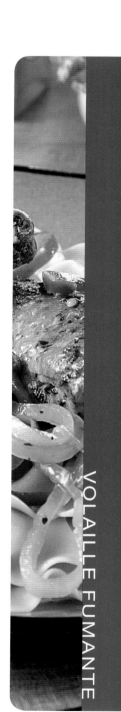

VOLAILLE FUMANTE

Poulet et champignons en sauce crémeuse

1	cuillère à thé de sel
½	cuillère à thé de poivre noir
¼	cuillère à thé de paprika
3	poitrines de poulet désossées sans la peau, coupées en morceaux de 2,5 cm (1 po)
1 ½	tasse de champignons tranchés
½	tasse d'oignons verts émincés
1 ¾	cuillère à thé de bouillon de poulet en poudre
1	tasse de vin blanc sec
½	tasse d'eau
1	boîte (150 ml – 5 oz) de lait évaporé
5	cuillères à thé de fécule de maïs
	riz cuit chaud (facultatif)

1. Dans un petit bol, mélanger le sel, le poivre et le paprika, puis saupoudrer sur le poulet.

2. Dans la mijoteuse, déposer en couches successives le poulet, les champignons, les oignons verts et le bouillon en poudre. Verser le vin et l'eau sur le tout. Couvrir et cuire à BASSE température pendant 5 à 6 heures, ou à température ÉLEVÉE pendant 3 heures. Retirer le poulet et les légumes de la mijoteuse, puis couvrir pour garder au chaud.

3. Dans une petite casserole, mettre le lait évaporé et la fécule de maïs, puis mélanger jusqu'à l'obtention d'une consistance lisse. Ajouter 2 tasses de jus de cuisson et porter à ébullition. Faire bouillir pendant 1 minute ou jusqu'à épaississement en remuant sans arrêt. Servir le poulet sur du riz et napper de sauce.

Donne 3 à 4 portions

Poulet aigre-piquant   ➤

4	à 6 poitrines de poulet désossées sans la peau (env. 450 à 680 g – 1 à 1 ½ lb)
1	tasse de bouillon de poulet ou de légumes
1	sachet (30 g – 1 oz) de mélange déshydraté pour soupe aigre-piquante

Déposer le poulet dans la mijoteuse. Ajouter le bouillon et le mélange pour soupe. Couvrir et cuire à BASSE température pendant 5 à 6 heures. Décorer au goût.

Donne 4 à 6 portions

> **Suggestion de présentation :** *pour obtenir une variante colorée et nutritive au riz blanc vapeur traditionnel, servir ce plat sur un lit de pois mange-tout, de pois* sugar snap *et de poivron rouge en dés.*

Poitrine de dinde à la mijoteuse

1	poitrine de dinde (1,5 à 2,75 kg – 3 à 6 lb)
	poudre d'ail
	paprika
	flocons de persil séché

1. Déposer la dinde dans la mijoteuse. Assaisonner de poudre d'ail, de paprika et de persil. Couvrir et faire cuire à BASSE température de 6 à 8 heures, ou jusqu'à ce que la température interne atteigne 77 °C (170 °F) lorsque le thermomètre à viande est inséré dans la portion la plus épaisse de la poitrine, sans toucher la carcasse.

2. Déposer la poitrine de dinde sur une planche à découper, recouvrir d'aluminium et laisser reposer pendant 10 à 15 minutes avant de découper. (La température interne continuera d'augmenter de 3 à 5 °C (5 à 10 °F) pendant le temps d'attente.)

Donne 4 à 6 portions

> **Note :** *n'ajoutez pas de liquide dans la mijoteuse, car la dinde produit son propre jus.*

Poulet avec saucisse et poivrons à l'italienne

2	cuillères à soupe d'huile d'olive
1,3	kg (2 ½ lb) de morceaux de poulet
225	à 375 g (½ à ¾ lb) de saucisse italienne douce
2	poivrons verts, coupés en morceaux
1	oignon, haché
1	carotte, finement tranchée
2	gousses d'ail, finement hachées
1	boîte (540 ml – 19 oz) de soupe aux tomates concentrée non diluée
1	boîte (425 ml – 15 oz) de sauce tomate
¼	cuillère à thé d'origan séché
¼	cuillère à thé de basilic séché
1	feuille de laurier
	sel et poivre noir

1. Dans une grande poêle, faire chauffer l'huile à feu moyen-élevé. Faire cuire le poulet, côté peau vers le bas, pendant environ 10 minutes, puis le retourner pour faire dorer tous les côtés. Retirer de la poêle et réserver.

2. Dans la même poêle, faire cuire la saucisse de 4 à 5 minutes, ou jusqu'à ce qu'elle soit bien grillée. Retirer la saucisse de la poêle et la couper en morceaux de 2,5 cm (1 po). Réserver. Égoutter tout le gras de la poêle, sauf 1 cuillère à soupe.

3. Dans la poêle, mettre les poivrons, l'oignon, la carotte et l'ail. Cuire en remuant pendant 4 à 5 minutes, ou jusqu'à ce que les légumes soient tendres.

4. Ajouter la soupe aux tomates, la sauce tomate, l'origan, le basilic et la feuille de laurier. Bien mélanger. Assaisonner de sel et de poivre noir. Transvider le mélange dans la mijoteuse.

5. Ajouter dans la mijoteuse le poulet et la saucisse. Couvrir et cuire à BASSE température de 6 à 8 heures, ou à température ÉLEVÉE de 4 à 6 heures. Retirer et jeter la feuille de laurier avant de servir.

Donne 6 portions

Dinde à la relish aux cerises

1	paquet (455 g – 16 oz) de cerises noires congelées, grossièrement hachées
1	boîte (env. 415 ml – 14 oz) de tomates en dés avec piment jalapeño
1	paquet (170 g – 6 oz) de canneberges séchées à saveur de cerise ou de cerises séchées, grossièrement hachées
2	petits oignons, finement émincés
1	petit poivron vert, coupé en morceaux
½	de tasse de cassonade bien tassée
2	cuillères à soupe de tapioca
1½	cuillère à soupe de sel
½	cuillère à thé de cannelle moulue
½	cuillère à thé de poivre noir
½	poitrine de dinde non désossée (env. 1,25 à 1,5 kg – 2½ à 3 lb)
2	cuillères à soupe d'eau
1	cuillère à soupe de fécule de maïs

1. Déposer les cerises, les tomates, les canneberges, les oignons, le poivron, la cassonade, le tapioca, le sel, la cannelle et le poivre noir dans la mijoteuse. Bien mélanger.

2. Déposer la dinde sur le mélange. Couvrir et faire cuire à BASSE température de 7 à 8 heures, ou jusqu'à ce que la température interne atteigne 85 °C (170 °F) lorsque le thermomètre à viande est inséré dans la portion la plus épaisse de la poitrine, sans toucher la carcasse. Retirer la dinde de la mijoteuse et garder au chaud.

3. Régler la mijoteuse à la température ÉLEVÉE. Dans un petit bol, mélanger l'eau et la fécule de maïs pour obtenir une pâte lisse. Incorporer la fécule dans le mélange à base de cerises dans la mijoteuse. Cuire à découvert pendant 15 minutes à température ÉLEVÉE, ou jusqu'à ce que la sauce ait épaissi. Ajuster les assaisonnements au goût. Trancher la dinde et garnir de relish aux cerises.

Donne 4 à 6 portions

Baguettes chaudes au poulet

1	à 2 carottes, tranchées
½	tasse de céleri, tranché
1	petit oignon, émincé
1	gousse d'ail, finement hachée
¼	cuillère à thé d'origan séché
¼	cuillère à thé de flocons de piment
6	cuisses ou poitrines de poulet désossées sans la peau
¼	tasse de farine tout usage
1	cuillère à thé de sel
½	cuillère à thé de poivre noir
1	cuillère à soupe d'huile végétale
1	boîte (env. 415 ml – 14 oz) de bouillon de poulet
6	petites baguettes françaises coupées en deux et grillées
6	tranches de fromage suisse (facultatif)

1. Déposer dans la mijoteuse les carottes, le céleri, l'oignon, l'ail, l'origan et les flocons de piment.

2. Retirer tout le gras visible du poulet et le jeter. Dans un grand sac refermable pour aliments, mélanger la farine, le sel et le poivre. Ajouter le poulet, deux morceaux à la fois, et bien remuer pour l'enfariner. Dans une grande poêle, faire chauffer l'huile à feu moyen-élevé. Ajouter le poulet, et faire dorer environ 2 minutes par côté.

3. Déposer le poulet sur les légumes, dans la mijoteuse, et ajouter le bouillon de poulet. Couvrir et cuire à BASSE température de 5 à 6 heures, ou jusqu'à ce que le poulet soit tendre.

4. Servir un morceau de poulet sur chaque baguette. Déposer 1 à 2 cuillères à soupe du mélange à base de bouillon sur le poulet et garnir d'une tranche de fromage, au goût.

Donne 6 portions

VOLAILLE FUMANTE

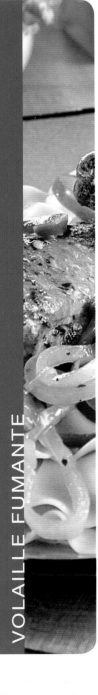

Fettuccini Alfredo au poulet et aux champignons

680 g (1 ½ lb) de filets de poitrine de poulet

2 paquets (225 g – 8 oz chacun) de champignons café ou blancs, nettoyés et coupés en quatre

½ cuillère à thé de sel

¼ cuillère à thé de poivre noir

¼ cuillère à thé de poudre d'ail

2 paquets (250 g – 8 oz chacun) de fromage à la crème, coupé en morceaux

1 tasse de beurre, coupé en morceaux

1½ tasse de parmesan râpé, un peu plus pour décorer

1½ tasse de lait entier

1 paquet (450 g – 16 oz) de fettuccinis non cuits

1. Enduire la cocotte d'une mijoteuse de 5,7 litres (5 pintes) d'aérosol de cuisson antiadhésif. Répartir les morceaux de poulet en une seule couche au fond de la mijoteuse. Garnir des champignons. Assaisonner les champignons de sel, de poivre noir et de poudre d'ail.

2. Dans une casserole, à feu moyen, mettre le fromage à la crème, le beurre, le parmesan et le lait. Fouetter sans arrêt jusqu'à l'obtention d'un mélange chaud et de consistance lisse. Verser sur les champignons en immergeant ceux qui pourraient flotter à la surface. Couvrir et cuire à BASSE température de 4 à 5 heures, ou à température ÉLEVÉE de 2 h à 2 h 30.

3. Faire cuire les fettuccinis dans une eau bouillante salée, conformément aux instructions de l'emballage. Égoutter. Ajouter les pâtes à la sauce Alfredo et remuer doucement pour bien mélanger les ingrédients. Servir avec du parmesan.

Donne 6 à 8 portions
***Temps de préparation :** 20 minutes*
***Temps de cuisson :** 4 à 5 heures (BASSE température) ou 2 h à 2 h 30 (température ÉLEVÉE)*

Poulet et orzo à la grecque

2	poivrons verts moyens, coupés en fines lanières
1	tasse d'oignon émincé
2	cuillères à thé d'huile d'olive extra vierge
8	cuisses de poulet sans la peau, rincées et asséchées
1	cuillère à soupe d'origan séché
½	cuillère à thé de romarin séché
½	cuillère à thé de poudre d'ail
¾	cuillère à thé de sel, réparti
⅜	cuillère à thé de poivre noir, réparti
225	g (8 oz) d'orzo non cuit
	jus et zeste de 1 citron moyen
½	tasse d'eau
55	g (2 oz) de féta émiettée (facultatif)
	persil frais, haché (facultatif)

1. Enduire la cocotte d'une mijoteuse de 7 litres (6 pintes) d'aérosol de cuisson antiadhésif. Ajouter les poivrons et l'oignon.

2. Faire chauffer l'huile à feu moyen-élevé dans une grande poêle. Saisir le poulet des deux côtés. Déposer dans la mijoteuse en les superposant légèrement au besoin. Saupoudrer le poulet d'origan, de romarin, de poudre d'ail, de ¼ cuillère à thé de sel et de ⅛ cuillère à thé de poivre noir. Couvrir et cuire à BASSE température pendant 5 à 6 heures, ou à température ÉLEVÉE pendant 3 heures.

3. Déposer le poulet dans une grande assiette. Régler la mijoteuse à la température ÉLEVÉE. Dans la mijoteuse, mélanger le jus de citron, le zeste, l'eau, ½ cuillère à thé de sel et ¼ cuillère à thé de poivre noir. Ajouter le poulet. Couvrir et faire cuire pendant 30 minutes ou jusqu'à ce que les pâtes soient cuites. Garnir de féta et de persil, au goût.

Donne 4 portions
Temps de préparation : *5 minutes*
Temps de cuisson : *5 à 6 heures (BASSE température) ou 3 h 30 (température ÉLEVÉE)*

Note : pour enlever facilement la peau du poulet, la saisir avec du papier essuie-tout et tirer. Répéter avec un nouveau morceau de papier essuie-tout pour chaque morceau de poulet ; jeter les peaux et les essuie-tout.

Paella espagnole au poulet et à la saucisse

1	cuillère à soupe d'huile d'olive
4	cuisses de poulet (env. 900 g – 2 lb au total)
1	oignon moyen, émincé
1	gousse d'ail, finement hachée
450	g (1 lb) de saucisse fumée piquante, tranchée en rondelles
1	boîte (env. 415 ml – 14 oz) de tomates étuvées, non égouttées
4	tasses de bouillon de poulet
1	pincée de safran (facultatif)
1	tasse de riz arborio
½	tasse de pois congelés, décongelés

1. Faire chauffer l'huile à feu moyen-élevé dans une grande poêle. Ajouter les morceaux de poulet, quelques-uns à la fois, et faire dorer de tous les côtés. Déposer le poulet doré dans une mijoteuse de 5,7 litres (5 pintes).

2. Faire cuire l'oignon dans la poêle jusqu'à ce qu'il soit translucide. Ajouter l'ail, la saucisse, les tomates et le bouillon de poulet. Incorporer le safran et le riz. Verser sur le poulet. Couvrir et cuire à BASSE température de 6 à 8 heures, ou à température ÉLEVÉE de 3 à 4 heures, ou jusqu'à ce que le poulet soit bien cuit et le riz tendre.

3. Retirer les morceaux de poulet et les déposer dans une assiette de service. Faire gonfler le riz à la fourchette. Incorporer les pois. Servir le riz avec le poulet.

Donne 4 portions
Temps de préparation : *25 minutes*
Temps de cuisson : *6 à 8 heures (BASSE température) ou 3 à 4 heures (température ÉLEVÉE)*

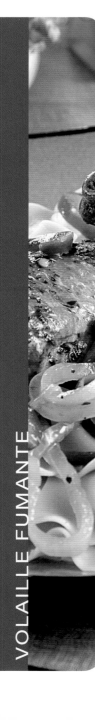

Dinde ropa vieja

360	g (12 oz) de filet de dinde (2 gros ou 3 petits), ou de cuisses de poulet désossées sans la peau
1	boîte (250 ml – 8 oz) de sauce tomate sans sel ajouté
2	tomates moyennes, en dés
1	petit oignon, finement émincé
1	petit poivron vert, coupé en morceaux
4	olives vertes farcies au piment, en tranches
1	gousse d'ail, finement hachée
¾	cuillère à thé de cumin moulu
½	cuillère à thé d'origan séché
⅛	cuillère à thé de poivre noir
2	cuillères à thé de jus de citron
¼	cuillère à thé de sel (facultatif)
1	tasse de riz brun cuit (facultatif)
1	tasse de haricots noirs, cuits (facultatif)

1. Déposer la dinde dans la mijoteuse. Ajouter la sauce tomate, les tomates, l'oignon, le poivron, les olives, l'ail, le cumin, l'origan et le poivre noir. Couvrir et cuire à BASSE température pendant 6 à 7 heures.

2. Effilocher la dinde à l'aide de deux fourchettes. Incorporer le jus de citron et le sel, au goût. Servir avec du riz et des haricots noirs, si désiré.

Donne 4 portions

Repas sans viande

Riz à la saucisse végétarienne

2	tasses de poivron vert, coupé en morceaux		1	cuillère à thé de sauce au piment fort

2   tasses de poivron vert, coupé en morceaux

1   boîte (env. 445 ml – 15 oz) de haricots rouges, rincés et égouttés

1   boîte (env. 415 ml – 14 oz) de tomates en dés avec poivron vert et oignon

1   tasse d'oignon émincé

1   tasse de céleri tranché

1   tasse d'eau, réparti

¾   tasse de riz blanc à grains longs non cuit

1 ¼   cuillère à thé de sel

1   cuillère à thé de sauce au piment fort

½   cuillère à thé de thym séché

½   cuillère à thé de flocons de piment

3   feuilles de laurier

1   paquet (225 g – 8 oz) de saucisses végétariennes à déjeuner, décongelées

2   cuillères à soupe d'huile d'olive extra vierge

½   tasse de persil frais, haché

   sauce au piment fort en surplus (facultatif)

1. Dans la mijoteuse, mélanger les poivrons, les tomates, l'oignon, le céleri, ½ tasse d'eau, le riz, le sel, la sauce au piment fort, le thym, les flocons de piment et les feuilles de laurier. Couvrir et cuire à BASSE température pendant 4 à 5 heures. Retirer et jeter les feuilles de laurier.

2. Couper les saucisses à déjeuner en dés. Dans une grande poêle antiadhésive, faire chauffer l'huile à feu moyen. Ajouter la saucisse et cuire 2 minutes ou jusqu'à ce qu'elle soit légèrement dorée, en raclant à l'occasion le fond de la poêle.

3. Déposer dans la mijoteuse. Ne pas mélanger. Ajouter ½ tasse d'eau dans la poêle et amener à ébullition à feu élevé en raclant le fond pour récupérer ce qui a collé. Ajouter le jus de cuisson et le persil au contenu de la mijoteuse, et remuer doucement pour mélanger. Servir immédiatement avec plus de sauce au piment fort, au goût.

Donne 8 tasses

Chili aux haricots et au maïs

1	boîte (env. 445 ml – 15 oz) de haricots cannellino ou de doliques à œil noir, rincés et égouttés
1	boîte (env. 445 ml – 15 oz) de haricots rouges ou blancs, rincés et égouttés
1	boîte (env. 415 ml – 14 oz) de tomates entières, égouttées et hachées
1	oignon, haché
1	tasse de maïs congelé
1	tasse d'eau
½	tasse d'oignons verts hachés
½	tasse de pâte de tomates
¼	tasse de piments jalapeños* en petits dés
1	cuillère à soupe de poudre de chili
1	cuillère à thé de cumin moulu
1	cuillère à thé de moutarde préparée
½	cuillère à thé d'origan séché

Mélanger tous les ingrédients dans la mijoteuse. Couvrir et cuire à BASSE température de 8 à 10 heures, ou à température ÉLEVÉE de 4 à 5 heures.

Donne 6 à 8 portions

Les herbes fraîches et les croûtons aux herbes *ajoutent une touche d'esthé-tisme aux hors-d'œuvre, aux soupes, aux entrées et aux plats cuits à la mijoteuse.*

* Les piments jalapeños peuvent piquer et irriter la peau. Portez des gants de caoutchouc lorsque vous les manipulez et ne touchez pas à vos yeux. Lavez vos mains après la manipulation.

Ragoût de haricots avec dumplings de semoule de maïs et coriandre

2	boîtes (env. 415 ml – 14 oz chacune) de tomates en dés
1	boîte (env. 445 ml – 15 oz) de haricots pinto ou rouges, rincés et égouttés
1	boîte (env. 445 ml – 15 oz) de haricots noirs, rincés et égouttés
1½	tasse de poivron rouge coupé en dés
1	gros oignon, haché
2	petites courgettes, tranchées
½	tasse de poivron vert coupé en morceaux

½	tasse de céleri coupé en dés
1	piment poblano*, épépiné et haché
2	gousses d'ail, finement hachées
3	cuillères à soupe de poudre de chili
2	cuillères à thé de cumin moulu
1	cuillère à thé d'origan séché
¼	cuillère à thé de sel
⅛	cuillère à thé de poivre noir
	dumplings à la semoule de maïs et à la coriandre (voir page 236)

1. Dans la mijoteuse, mettre les tomates, les haricots, les poivrons rouge et vert, l'oignon, la courgette, le céleri, le piment poblano, l'ail, la poudre de chili, le cumin, l'origan, le sel et le poivre noir. Bien mélanger. Couvrir et cuire à BASSE température pendant 7 à 8 heures.

2. Préparer les dumplings 1 heure avant de servir. Régler la mijoteuse à la température ÉLEVÉE. À l'aide d'une cuillère, déposer les dumplings sur le ragoût (des dumplings plus gros ne cuiront pas bien). Couvrir et cuire pendant 1 heure, ou jusqu'à ce qu'un cure-dents inséré dans les dumplings en ressorte propre.

Donne 6 portions

* Les piments peuvent piquer et irriter la peau. Portez des gants de caoutchouc lorsque vous les manipulez et ne touchez pas à vos yeux. Lavez vos mains après la manipulation.

Dumplings à la semoule de maïs et à la coriandre

¼   **tasse de farine tout usage**

¼   **tasse de semoule de maïs jaune**

½   **cuillère à thé de poudre à pâte**

¼   **cuillère à thé de sel**

1   **cuillère à soupe de graisse végétale**

1   **cuillère à soupe de cheddar, râpé**

2   **cuillères à thé de coriandre fraîche, finement hachée**

¼   **tasse de lait**

Dans un bol moyen, mélanger la farine, la semoule de maïs, la poudre à pâte et le sel. Avec un malaxeur à pâtisserie ou deux couteaux, couper la graisse végétale en gros morceaux. Incorporer le fromage et la coriandre. Verser le lait dans le mélange à base de farine. Pétrir jusqu'à ce que les ingrédients secs soient humides.

Haricots rouges et riz

2   **boîtes (env. 445 ml – 15 oz chacune) de haricots rouges, non égouttés**

1   **boîte (env. 415 ml – 14 oz) de tomates en dés**

½   **tasse de céleri coupé en dés**

½   **tasse de poivron vert coupé en dés**

½   **tasse d'oignons verts hachés**

2   **gousses d'ail, finement hachées**

1   **à 2 cuillères à thé de sauce au piment fort**

1   **cuillère à thé de sauce Worcestershire**

1   **feuille de laurier**

3   **tasses de riz cuit**

1. Mettre tous les ingrédients dans la mijoteuse, à l'exception du riz. Couvrir et cuire à BASSE température de 4 à 6 heures, ou à température ÉLEVÉE de 2 à 3 heures.

2. Écraser légèrement le mélange à l'aide d'un pilon à pommes de terre jusqu'à ce qu'il soit épaissi. Augmenter le réglage à température ÉLEVÉE. Cuire à température ÉLEVÉE pendant 30 à 60 minutes. Retirer et jeter la feuille de laurier. Servir le mélange à base de haricots sur le riz.

Donne 6 portions (de 1 tasse)

Ragoût de légumes du Moyen-Orient

1	**cuillère à soupe d'huile d'olive**
3	**tasses de courgette tranchée**
2	**tasses d'aubergine pelée et coupée en cubes**
2	**tasses de patate douce pelée et coupée en quartiers**
1 ½	**tasse de courge musquée pelée et coupée en cubes**
1	**boîte (830 ml – 28 oz) de tomates broyées**
1	**tasse de pois chiches, rincés et égouttés**
½	**tasse de raisins secs ou de groseilles**
1 ½	**cuillère à thé de cannelle moulue**
1	**cuillère à thé de zeste d'orange râpé**
¾	**à 1 cuillère à thé de cumin moulu**
½	**cuillère à thé de sel**
½	**cuillère à thé de paprika**
¼	**à ½ cuillère à thé de piment rouge moulu**
⅛	**cuillère à thé de cardamome moulue**
	riz cuit ou couscous cuit (facultatif)

Mettre tous les ingrédients dans la mijoteuse, à l'exception du riz. Couvrir et cuire à BASSE température de 5 h à 5 h 30, ou jusqu'à ce que les légumes soient tendres. Servir sur un lit de pâtes ou de riz.

Donne 4 à 6 portions

Ragoût méditerranéen

1	courge musquée ou poivrée moyenne, pelée et coupée en cubes de 2,5 cm (1 po)
2	tasses d'aubergine non pelée et coupée en cubes de 2,5 cm (1 po)
2	tasses de courgette tranchée
1	boîte (env. 445 ml – 15 oz) de pois chiches rincés et égouttés
1	paquet (285 g – 10 oz) d'okra en morceaux congelé
1	boîte (250 ml – 8 oz) de sauce tomate
1	tasse d'oignon émincé
1	tomate moyenne, hachée
1	carotte moyenne, finement tranchée
½	tasse de bouillon de légumes à teneur réduite en sel
⅓	tasse de raisins secs
1	gousse d'ail, finement hachée
½	cuillère à thé de cumin moulu
½	cuillère à thé de curcuma moulu
¼	à ½ cuillère à thé de piment rouge moulu
¼	cuillère à thé de cannelle moulue
¼	cuillère à thé de paprika
6	à 8 tasses de riz ou de couscous cuit
	persil frais (facultatif)

1. Dans la mijoteuse, mettre la courge, l'aubergine, la courgette, les pois chiches, l'okra, la sauce tomate, l'oignon, la tomate, la carotte, le bouillon, les raisins secs, l'ail, le cumin, le curcuma, le piment rouge, la cannelle et le paprika. Bien mélanger. Couvrir et cuire à BASSE température de 8 à 10 heures, ou jusqu'à ce que les légumes soient tendres, mais croquants.

2. Servir le mélange sur du couscous ou du riz. Garnir de persil au goût.

Donne 6 portions

Lasagne végétarienne

1	petite aubergine tranchée en rondelles de 1,5 cm (½ po) d'épaisseur	1	cuillère à thé de basilic séché
½	cuillère à thé de sel	1	cuillère à thé d'origan séché
2	cuillères à soupe d'huile d'olive, répartie	2	tasses de ricotta partiellement écrémée
1	cuillère à soupe de beurre	1½	tasse de monterey jack râpé
225	g (8 oz) de champignons frais, tranchés	1	tasse de parmesan râpé, réparti
1	petit oignon, coupé en dés	1	paquet (225 g – 8 oz) de nouilles à lasagne de blé entier cuites et égouttées
1	pot (740 ml – 26 oz) de sauce tomate pour pâtes	1	courgette moyenne, finement tranchée

1. Saupoudrer l'aubergine de sel, et laisser reposer pendant 10 à 15 minutes. Rincer et tamponner pour l'assécher. Badigeonner d'une cuillère à soupe d'huile d'olive. Dans une poêle moyenne, à feu moyen, faire griller des deux côtés. Réserver.

2. Faire chauffer l'autre cuillère à soupe d'huile d'olive et le beurre dans la même poêle, toujours à feu moyen, puis faire cuire l'oignon et les champignons jusqu'à ce qu'ils soient amollis. Incorporer la sauce pour pâtes, le basilic et l'origan. Réserver.

3. Dans un bol moyen, mélanger la ricotta, le monterey jack et ½ tasse de parmesan. Réserver.

4. Étendre un tiers du mélange au fond de la mijoteuse. Placer un tiers des pâtes à lasagne, la moitié des aubergines et la moitié du mélange de fromages. Répéter une fois. Pour la dernière couche, utiliser le dernier tiers de pâtes à lasagne, la courgette et le dernier tiers de sauce, puis garnir de ½ tasse de parmesan.

5. Couvrir et cuire à BASSE température pendant 6 heures. Laisser reposer pendant 15 à 20 minutes avant de servir.

Donne 4 à 6 portions

Strata au brocoli et au fromage

2	tasses de bouquets de brocoli grossièrement coupés
4	tranches de 1,5 cm (½ po) d'épaisseur de pain blanc ferme
4	cuillères à thé de beurre
1½	tasse de cheddar râpé
1½	tasse de lait partiellement écrémé (1 %)
3	œufs
½	cuillère à thé de sel
½	cuillère à thé de sauce au piment fort
⅛	cuillère à thé de poivre noir

1. Faire cuire le brocoli dans l'eau bouillante pendant environ 10 minutes ou jusqu'à ce qu'il soit tendre. Égoutter et réserver. Étendre 1 cuillère à thé de beurre sur un côté de chaque tranche de pain. Disposer 2 tranches de pain, côté beurré sur le dessus, dans une casserole graissée de 1,2 litre (1 pinte) qui pourra être placée dans la mijoteuse. Sur les tranches de pain, disposer en couches le fromage, le brocoli et les 2 autres tranches de pain, côté beurré en dessous.

2. Dans un bol moyen, battre le lait, les œufs, le sel, la sauce au piment fort et le poivre noir. Verser ce mélange dans la mijoteuse, sur le pain.

3. Déposer une petite grille métallique dans une mijoteuse de 5,7 litres (5 pintes). Verser 1 tasse d'eau. Déposer la casserole sur la grille. Couvrir et cuire à température ÉLEVÉE pendant 3 heures.

Donne 4 portions

REPAS SANS VIANDE

Ragoût de patates douces et de haricots verts des Caraïbes

2	patates douces moyennes (env. 450 g – 1 lb), pelées et coupées morceaux de 2,5 cm (1 po)
2	tasses de haricots verts coupés congelés
1	boîte (env. 445 ml – 15 oz) de haricots noirs, rincés et égouttés
1	boîte (env. 415 ml – 14 oz) de bouillon de légumes
1	petit oignon, émincé
2	cuillères à thé d'assaisonnement jerk des Caraïbes
½	cuillère à thé de thym séché
¼	cuillère à thé de sel
¼	cuillère à thé de cannelle moulue
⅓	tasse d'amandes en julienne, grillées*
	sauce au piment fort (facultatif)

1. Dans la mijoteuse, mélanger les patates douces, les haricots, le bouillon, l'oignon, l'assaisonnement jerk, le thym, le sel et la cannelle. Couvrir et cuire à BASSE température de 5 à 6 heures, ou jusqu'à ce que les légumes soient tendres.

2. Ajuster l'assaisonnement et servir avec des amandes et de la sauce au piment fort, au goût.

Donne 4 portions

* Pour faire griller les amandes, les disposer en une seule couche sur une plaque de cuisson. Faire cuire dans un four préchauffé à 180 °C (350 °F) pendant 8 à 10 minutes, ou jusqu'à ce qu'elles soient dorées, en remuant fréquemment.

Poivrons farcis du Sud-Ouest

4	poivrons verts
1	boîte (env. 445 ml – 15 oz) de haricots noirs, rincés et égouttés
1	tasse de monterey jack aux piments, râpé
¾	tasse de salsa moyenne
½	tasse de maïs congelé
½	tasse d'oignons verts hachés
⅓	tasse de riz blanc précuit à grains longs, non cuit
1	cuillère à thé de poudre de chili
½	cuillère à thé de cumin moulu
	crème sure

1. Couper le dessus de chaque poivron. Épépiner en laissant chaque poivron entier.

2. Dans un bol moyen, mélanger les haricots, le fromage, la salsa, le maïs, les oignons, le riz, la poudre de chili et le cumin. À l'aide d'une cuillère, déposer une quantité égale du mélange dans chaque poivron. Déposer les poivrons dans la mijoteuse. Couvrir et cuire à BASSE température pendant 4 à 6 heures. Servir avec de la crème sure.

Donne 4 portions

Sauce pour pâtes aux légumes

2	boîtes (env. 415 ml – 14 oz chacune) de tomates en dés
1	boîte (env. 415 ml – 14 oz) de tomates entières, non égouttées
1½	tasses de champignons tranchés
1	poivron rouge moyen, coupé en dés
1	poivron vert moyen, coupé en dés
1	petite courge jaune, coupée en tranches de 6 mm (¼ po)
1	petite courgette, coupée en tranches de 6 mm (¼ po) d'épaisseur
1	boîte (180 ml – 6 oz) de pâte de tomates
4	oignons verts, tranchés
2	cuillères à soupe d'assaisonnement à l'italienne
1	cuillère à soupe de persil frais, haché
3	gousses d'ail, finement hachées
1	cuillère à thé de sel
1	cuillère à thé de flocons de piment (facultatif)
1	cuillère à thé de poivre noir
	pâtes cuites
	parmesan et basilic frais (facultatif)

1. Dans la mijoteuse, mettre tous les ingrédients à l'exception des pâtes. Bien mélanger. Couvrir et cuire à BASSE température pendant 6 à 8 heures.

2. Servir avec les pâtes cuites. Garnir de parmesan et de basilic frais.

Donne 4 à 6 portions

Casserole de pain de maïs et de haricots

GARNITURE

1	oignon moyen, émincé
1	poivron vert moyen, coupé en dés
2	gousses d'ail, finement hachées
1	boîte (env. 445 ml – 15 oz) de haricots rouges, rincés et égouttés
1	boîte (env. 445 ml – 15 oz) de haricots pinto, rincés et égouttés
1	boîte (env. 475 ml – 16 oz) de tomates en dés avec piment jalapeño
1	boîte (250 ml – 8 oz) de sauce tomate
1	cuillère à thé de poudre de chili
½	cuillère à thé de poivre noir
½	cuillère à thé de cumin moulu
¼	cuillère à thé de sauce au piment fort

CROÛTE AU PAIN DE MAÏS

1	tasse de farine tout usage
1	tasse de semoule de maïs jaune
2½	cuillères à thé de poudre à pâte
1	cuillère à soupe de sucre
½	cuillère à thé de sel
1¼	tasse de lait
2	œufs
3	cuillères à soupe d'huile végétale
1	boîte (env. 250 ml – 8 oz) de maïs en crème non égoutté

1. Graisser légèrement la mijoteuse. Pour confectionner la garniture, faire cuire en remuant, dans une grande poêle, à feu moyen, l'oignon, le poivron et l'ail. Déposer dans la mijoteuse. Incorporer les autres ingrédients de la garniture. Couvrir et cuire à température ÉLEVÉE pendant 1 heure.

2. Pour faire la croûte au pain de maïs, dans un grand bol, mettre la semoule de maïs, la farine, le poudre à pâte, le sucre et le sel. Incorporer le lait, les œufs et l'huile, puis bien mélanger. Incorporer le maïs. Répartir uniformément sur le mélange à base de haricots dans la mijoteuse. Couvrir et cuire à température ÉLEVÉE pendant 1 h 30 à 2 heures, ou jusqu'à ce que le pain de maïs soit cuit.

Donne 6 à 8 portions

Note : s'il vous reste un peu de mélange à pain de maïs, répartissez-le dans des moules à muffins, et faites cuire à 190 °C (375 °F) pendant 30 minutes, ou jusqu'à ce qu'ils soient dorés.

Maïs et haricots du Sud-Ouest

1	cuillère à soupe d'huile d'olive
1	gros oignon, coupé en dés
1	ou 2 piments jalapeños*, hachés
1	gousse d'ail, finement hachée
2	boîtes (env. 445 ml – 15 oz chacune) de haricots rouges, rincés et égouttés
1	paquet (env. 455 g – 16 oz) de maïs congelé, décongelé
1	boîte (env. 415 ml – 14 oz) de tomates en dés
1	poivron vert, coupé en morceaux de 2,5 cm (1 po)
2	cuillères à thé de poudre de chili
¾	cuillère à thé de sel
½	cuillère à thé de cumin moulu
½	cuillère à thé de poivre noir
	crème sure ou yogourt nature (facultatif)
	olives noires tranchées (facultatif)

1. À feu moyen, faire chauffer l'huile dans une poêle moyenne. Ajouter l'oignon, le piment jalapeño et l'ail, puis faire cuire en remuant pendant 5 minutes. Déposer dans la mijoteuse.

2. Ajouter les haricots, le maïs, le poivron, la poudre de chili, le sel, le cumin et le poivre noir dans la mijoteuse. Bien mélanger. Couvrir et cuire à BASSE température de 7 à 8 heures, ou à température ÉLEVÉE de 2 à 3 heures.

3. Servir avec de la crème sure et des olives noires.

Donne 6 portions

> **Suggestion de présentation :** *pour un repas de fête, servez ce plat végétarien coloré dans des poivrons évidés ou dans des bols en pain.*

* *Les piments jalapeños peuvent piquer et irriter la peau. Portez des gants de caoutchouc lorsque vous les manipulez et ne touchez pas à vos yeux. Lavez vos mains après la manipulation.*

Riz de style risotto aux poivrons

1	tasse de riz précuit à grains longs, non cuit
1	poivron vert moyen, coupé en petits morceaux
1	poivron rouge moyen, coupé en petits morceaux
1	tasse d'oignon haché
½	cuillère à thé de curcuma moulu
⅛	cuillère à thé de poivre rouge moulu (facultatif)
1	boîte (env. 415 ml – 14 oz) de bouillon de poulet sans gras
115	g (4 oz) de monterey jack au piment jalapeño, en cubes
½	tasse de lait
¼	tasse de beurre, coupé en dés
1	cuillère à thé de sel

1. Déposer le riz, les poivrons, les oignons, le curcuma et le piment rouge moulu dans la mijoteuse. Incorporer le bouillon. Couvrir et cuire à BASSE température de 4 à 5 heures, ou jusqu'à ce que le riz soit cuit.

2. Incorporer le fromage, le lait, le beurre et le sel. Faire gonfler le riz à la fourchette. Couvrir et cuire à BASSE température pendant 5 minutes, ou jusqu'à ce que le fromage fonde.

Donne 4 à 6 portions

Casserole de pommes de terre de Donna

1	boîte (320 ml – 10¾ oz) de crème de poulet concentrée non diluée
1	tasse de crème sure
¼	tasse d'oignon émincé
¼	tasse plus 3 cuillères à soupe de beurre fondu, réparti
1	cuillère à thé de sel
900	g (2 lb) de pommes de terre, pelées et coupées en morceaux
2	tasses de cheddar râpé
1½	à 2 tasses de mélange à farce

1. Dans un petit bol, mélanger la soupe, la crème sure, l'oignon, ¼ tasse de beurre et le sel.

2. Mettre les pommes de terre et le fromage dans la mijoteuse. Verser le mélange pour soupe sur le mélange de pommes de terre, et bien mélanger. Saupoudrer le mélange pour farce sur le mélange de pommes de terre et napper de 3 cuillères à soupe de beurre.

3. Couvrir et cuire à BASSE température de 8 à 10 heures, ou à température ÉLEVÉE de 5 à 6 heures, ou jusqu'à ce que les pommes de terre soient tendres.

Donne 8 à 10 portions

Astuce : rangez vos pommes de terre dans un lieu frais, sombre, sec et bien aéré. Ne les réfrigérez pas.

Pain de grain entier au miel

3	tasses de farine de blé entier, répartie
2	tasses de lait entier tiède (et non chaud)
¾	à 1 tasse de farine tout usage, répartie
¼	tasse de miel
2	cuillères à soupe d'huile végétale
1	sachet (7 g – ¼ oz) de levure sèche active
¾	cuillère à thé de sel

1. Vaporiser d'aérosol de cuisson antiadhésif une casserole de 1,2 litre (1 pinte) et un plat pour soufflé, ou tout autre plat de cuisson qui peut être déposé dans la mijoteuse. Dans un grand bol, mettre 1 ½ tasse de farine de blé entier, le lait, ½ tasse de farine tout usage, le miel, l'huile, la levure et le sel. Battre au mélangeur électrique pendant 2 minutes à vitesse moyenne.

2. Ajouter l'autre 1 ½ de farine de blé entier et de ¼ à ½ tasse de farine tout usage, jusqu'à ce que la pâte ne soit plus collante. (Si le batteur a de la difficulté à faire le travail, incorporer le reste de la farine à l'aide d'une cuillère de bois.) Transvider dans le plat huilé.

3. Faire des poignées en papier d'aluminium (voir page 295). Déposer le plat dans la mijoteuse. Couvrir et cuire pendant 3 heures à température ÉLEVÉE, ou jusqu'à ce que les rebords soient dorés.

4. Utiliser les poignées en papier d'aluminium pour sortir le plat de la mijoteuse. Laissez reposer pendant 5 minutes. Démouler sur une grille et laisser refroidir.

Donne 8 à 10 portions

Carottes glacées à l'orange et aux épices

1	paquet (900 g – 32 oz) de mini carottes
½	tasse de cassonade pâle bien tassée
½	tasse de jus d'orange
3	cuillères à soupe de beurre ou de margarine
¾	cuillère à thé de cannelle moulue
¼	cuillère à thé de muscade moulue
¼	tasse d'eau froide
2	cuillères à soupe de fécule de maïs

1. Mélanger tous les ingrédients dans la mijoteuse, à l'exception de l'eau et de la fécule de maïs. Couvrir et cuire à BASSE température de 3 h 30 à 4 heures, ou jusqu'à ce que les carottes soient tendres, mais croquantes.

2. Déposer les carottes dans un bol de service. Transvider le jus dans une petite casserole et amener à ébullition.

3. Dans une tasse ou dans un petit bol, mélanger l'eau et la fécule de maïs, puis incorporer à la casserole. Faire bouillir pendant 1 minute ou jusqu'à épaississement en remuant sans arrêt. Verser sur les carottes.

Donne 6 portions

***Il existe deux types de mijoteuses.** Celui que l'on voit le plus souvent (et qui est utilisé dans ce livre) est doté d'éléments chauffants à l'intérieur de la paroi du contenant extérieur, ce qui permet de produire de la chaleur à basse comme à haute température. L'autre type de mijoteuse est doté d'éléments chauffants sous la cocotte. Parce que les recettes de ce livre n'ont pas été testées avec ce type de mijoteuse, consultez les instructions du fabricant, si c'est ce que vous utilisez.*

Épinards de Jim à la mexicaine

3	paquets (285 g – 10 oz chacun) d'épinards congelés, hachés	2	piments Anaheim* grillés, pelés et hachés
1	oignon, haché	3	tomatilles (ou cerises de terre) fraîches grillées**, voiles enlevés et hachées
1	gousse d'ail, finement hachée	6	cuillères à soupe de crème sure faible en gras (facultatif)
1	cuillère à soupe d'huile de canola		

1. Déposer les épinards congelés dans la mijoteuse.

2. Dans une grande poêle à frire, cuire l'oignon et l'ail dans de l'huile, sur feu moyen, pendant environ 5 minutes ou jusqu'à ce que l'oignon ait ramolli. Ajouter les piments et les tomatilles, puis cuire en remuant pendant 2 à 3 minutes. Transvider le mélange dans la mijoteuse. Couvrir et cuire à BASSE température pendant 4 à 6 heures.

3. Mélanger avant de servir. Garnir de quelques cuillères de crème sure.

Donne 6 portions

Note : pour faire griller les piments, faire chauffer une plaque ou une poêle en fonte émaillée à feu moyen-élevé jusqu'à ce qu'une goutte d'eau y grésille. Faire cuire les piments, quelques-uns à la fois, en les retournant à l'occasion à l'aide de pinces, jusqu'à ce qu'ils soient noircis de toutes parts. (Les piments peuvent aussi être tenus au-dessus d'une flamme au gaz à l'aide d'une fourchette à long manche.) Placer les piments chauds dans un sac de plastique ou de papier brun et laisser reposer pendant 2 à 5 minutes. Les sortir du sac et les peler en grattant leur peau carbonisée. Couper la portion du haut avec les cœurs. Couper les piments en deux, dans le sens de la longueur. À l'aide de la pointe d'un couteau, gratter les veines et les graines qui pourraient rester.

Variante : neuf cents grammes (2 lb) d'épinards frais ou d'autres légumes-feuilles comme les bébés épinards ou les pousses mélangées peuvent remplacer les épinards congelés. Si vous utilisez des épinards sur tiges, veillez à les couper et à bien laver les feuilles en changeant souvent l'eau pour s'assurer que vous éliminez tout le sable avant de les hacher.

* Les piments peuvent piquer et irriter la peau. Portez des gants de caoutchouc lorsque vous les manipulez et ne touchez pas à vos yeux. Lavez vos mains après la manipulation.

** Pour faire griller les tomatilles, préchauffez une poêle à feu moyen. Sans enlever les voiles, faites griller les tomatilles en les retournant souvent pendant environ 10 minutes ou jusqu'à ce que les voiles soient brunis et la chair amollie. Retirez du feu. Une fois qu'elles sont suffisamment refroidies pour être manipulées, retirez les voiles et jetez-les.

Mijoté de maïs

2	**cuillères à soupe de beurre**
½	**tasse d'oignon émincé**
3	**cuillères à soupe de farine tout usage**
1	**tasse de lait**
4	**tasses de maïs congelé, décongelé et réparti**
½	**cuillère à thé de sel**
½	**cuillère à thé de thym séché**
¼	**cuillère à thé de poivre noir**
⅛	**cuillère à thé de muscade moulue**
	thym frais (facultatif)

1. Faire fondre le beurre dans une petite casserole, à feu moyen. Faire revenir l'oignon en remuant pendant environ 5 minutes ou jusqu'à tendreté. Ajouter la farine. Faire cuire à feu moyen pendant 1 minute en remuant sans arrêt. Incorporer le lait et amener à ébullition. Faire bouillir pendant 1 minute ou jusqu'à épaississement, en remuant sans arrêt.

2. Passer 2 tasses de maïs au robot culinaire ou au mélangeur jusqu'à ce qu'il soit grossièrement haché. Dans la mijoteuse, mettre le mélange à base de lait, le maïs entier et haché, le thym séché, le poivre et la muscade, bien mélanger.

3. Couvrir et cuire à BASSE température pendant 3 h 30 à 4 heures, ou jusqu'à ce que le mélange bouillonne sur le rebord. Garnir de thym frais.

Donne 6 portions

__Variation :__ ajouter ½ tasse de cheddar râpé et 2 cuillères à soupe de parmesan râpé avant de servir. Mélanger jusqu'à ce que le fromage soit fondu. Garnir avec davantage de cheddar râpé.

Riz espagnol de style paella

2	boîtes (env. 415 ml – 14 oz chacune) de bouillon de poulet
1 ½	tasse de riz précuit à grains longs, non cuit
1	petit poivron rouge, coupé en dés
⅓	tasse de vin blanc sec (ou d'eau)
½	cuillère à thé de safran en poudre, ou ½ cuillère à thé de curcuma moulu
⅛	cuillère à thé de flocons de piment
½	tasse de pois congelés, décongelés
	sel

1. Dans la mijoteuse, mettre le bouillon, le riz, le poivron, le vin, le safran et les flocons de piment. Bien mélanger.

2. Couvrir et cuire pendant 4 heures à BASSE température, ou jusqu'à ce que le liquide soit absorbé.

3. Incorporer les pois. Couvrir et cuire en remuant pendant 15 à 30 minutes, ou jusqu'à ce que les pois soient chauds. Saler au goût.

Donne 6 portions

> **Note :** *une paella est un plat espagnol traditionnel dans lequel le riz est aromatisé au safran et qui comprend plusieurs viandes, fruits de mer et légumes. Traditionnellement, ce plat est servi dans une grande assiette creuse. Puisque le safran coûte cher, le curcuma est parfois utilisé comme solution de rechange, comme c'est le cas dans cette recette. L'apparence du plat est presque identique, mais son goût sera différent.*

> **Variation :** *ajoutez ½ tasse de poulet cuit, de jambon ou de crevettes cuites aux pois.*

Casserole de haricots verts

➤

2   paquets (285 g – 10 oz chacun) de haricots verts congelés, décongelés

1   boîte (320 g – 10 ¾ oz) de crème de champignons concentrée non diluée

1   cuillère à soupe de persil frais, haché

1   cuillère à soupe de poivrons rouges grillés, coupé en dés

1   cuillère à thé de sauge séchée

½   cuillère à thé de sel

½   cuillère à thé de poivre noir

¼   cuillère à thé de muscade moulue

½   tasse d'amandes en julienne, grillées

Mettre tous les ingrédients dans la mijoteuse, à l'exception des amandes. Couvrir et cuire à BASSE température pendant 3 à 4 heures. Parsemer d'amandes.

Donne 4 à 6 portions

Pommes de terre à la mijoteuse

1   paquet (900 g – 32 oz) de pommes de terre rissolées râpées

2   boîtes (320 ml – 10 ¾ oz chacune) de crème de cheddar concentrée non diluée

1   boîte (375 ml – 12 oz) de lait évaporé

1   tasse d'oignon émincé

Mélanger tous les ingrédients dans la mijoteuse. Couvrir et cuire à BASSE température pendant 6 à 8 heures.

Donne 6 portions

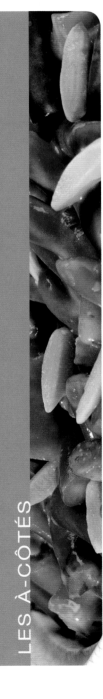

Patates douces aigres-piquantes ➤

900	g (2 lb) de patates douces, pelées et coupées en morceaux de 1,5 cm (½ po)
¼	tasse de cassonade foncée bien tassée
1	cuillère à thé de cannelle moulue
½	cuillère à thé de muscade moulue
⅛	cuillère à thé de sel
2	cuillères à soupe de beurre coupé en morceaux de 3 mm (⅛ po)
1	cuillère à thé de vanille

Mettre tous les ingrédients dans la mijoteuse, à l'exception du beurre et de la vanille, puis bien mélanger. Couvrir et cuire à température ÉLEVÉE pendant 4 heures, ou à BASSE température pendant 7 heures. Ajouter le beurre et la vanille, puis remuer lentement pour mélanger.

Donne 4 portions

Beurre aux pommes épicé

2	kg (5 lb) de pommes pour cuisson (McIntosh, Granny Smith, Rome Beauty ou York Imperial), pelées, évidées et coupées en quartiers (env. 10 grosses pommes)
1	tasse de sucre
½	tasse de jus de pomme
2	cuillères à thé de cannelle moulue
½	cuillère à thé de clou de girofle moulu
½	cuillère à thé de quatre-épices moulu

1. Mettre tous les ingrédients dans la mijoteuse. Couvrir et cuire à BASSE température de 8 à 10 heures, ou jusqu'à ce que les pommes soient très tendres.

2. Réduire les pommes en purée à l'aide d'un pilon à pommes de terre. Cuire à découvert pendant 2 heures à BASSE température, ou jusqu' à ce que le mélange épaississe, en remuant à l'occasion pour éviter qu'il colle.

Donne environ 6 tasses

Risi bisi

1 ½	tasse de riz précuit à grains longs, non cuit
¾	tasse d'oignon émincé
2	gousses d'ail, finement hachées
2	boîtes (env. 415 ml – 14 oz chacune) de bouillon de poulet à teneur réduite en sel
⅓	tasse d'eau
¾	cuillère à thé d'assaisonnement à l'italienne
½	cuillère à thé de basilic séché
½	tasse de pois congelés, décongelés
¼	tasse de parmesan râpé
¼	tasse de noix de pin grillées (facultatif)

1. Dans la mijoteuse, mélanger le riz, l'oignon et l'ail.

2. Dans une petite casserole, amener à ébullition le bouillon et l'eau. Dans la mijoteuse, mélanger le liquide bouillant, l'assaisonnement à l'italienne, le basilic et le mélange à base de riz. Couvrir et cuire pendant 2 à 3 heures à BASSE température, ou jusqu'à ce que le liquide soit absorbé.

3. Ajouter les pois. Couvrir et cuire à BASSE température pendant 1 heure. Incorporer le fromage. Déposer le riz dans un bol de service. Saupoudrer de noix de pin.

Donne 6 portions

Le riz étuvé à grains longs et le riz arborio sont les meilleures sortes de riz à utiliser en cuisson lente. Les autres riz auront tendance à devenir pâteux. Vous pouvez cependant utiliser toute autre sorte de riz si vous le cuisez de façon conventionnelle. Dans ce cas, ajoutez-le à la préparation pour les 15 dernières minutes de cuisson.

Pommes de terre rustiques gratinées

½	**tasse de lait**
1	**boîte (320 ml – 10¾ oz chacune) de crème de cheddar concentrée non diluée**
1	**paquet (250 g – 8 oz) de fromage à la crème, ramolli**
1	**gousse d'ail, finement hachée**
¼	**cuillère à thé de muscade moulue**
⅛	**cuillère à thé de poivre noir**
900	**g (2 lb) de pommes de terre pour cuisson au four coupées en tranches de ¼ po**
1	**petit oignon, finement émincé**
	paprika (facultatif)

1. Dans une petite casserole, faire chauffer le lait à feu moyen jusqu'à ce qu'il commence à peine à bouillonner. Retirer du feu. Ajouter la soupe, le fromage à la crème, l'ail, la muscade et le poivre. Mélanger jusqu'à l'obtention d'une consistance lisse.

2. Faire une première couche, dans la mijoteuse, avec un quart des pommes de terre et un quart de l'oignon. Recouvrir d'un quart du mélange à base de soupe. Répéter pour les 3 couches suivantes en utilisant le reste des pommes de terre, de l'oignon et du mélange à base de soupe.

3. Couvrir et cuire à BASSE température de 6 h 30 à 7 heures, ou jusqu'à ce que les pommes de terre soient tendres et que le liquide soit presque tout absorbé. Saupoudrer de paprika.

Donne 6 portions

Riz et fromage à la mexicaine

1	boîte (env. 445 ml – 15 oz chacune) de haricots à la mexicaine
1	boîte (env. 415 ml – 14 oz) de tomates en dés avec piment jalapeño
2	tasses de monterey jack ou de colby râpé, réparti
1½	tasse de riz précuit à grains longs, non cuit
1	gros oignon, finement haché
½	paquet (250 g – 8 oz) de fromage à la crème
3	gousses d'ail, finement hachées

1. Enduire la cocotte d'une mijoteuse d'aérosol de cuisson antiadhésif. Dans la mijoteuse, mettre les haricots, 1 tasse de fromage, le riz, l'oignon, le fromage à la crème et l'ail, puis bien mélanger.

2. Couvrir et cuire à BASSE température pendant 6 à 8 heures.

3. Saupoudrer de l'autre tasse de fromage râpé tout juste avant de servir.

Donne 6 à 8 portions

Tex-mex de haricots épicés

⅓	tasse de lentilles sèches, rincées et triées
1 ⅓	tasse d'eau
5	tranches de bacon
1	oignon, haché
1	boîte (env. 445 ml – 15 oz) de haricots pinto, rincés et égouttés
1	boîte (env. 445 ml – 15 oz) de haricots rouges, rincés et égouttés
1	boîte (env. 415 ml – 14 oz) de tomates en dés
3	cuillères à soupe de ketchup
3	gousses d'ail, finement hachées
1	cuillère à thé de poudre de chili
½	cuillère à thé de cumin moulu
¼	cuillère à thé de flocons de piment
1	feuille de laurier

1. Dans une grande casserole, faire bouillir les lentilles dans l'eau pendant 20 à 30 minutes, puis égoutter.

2. À feu moyen, faire cuire le bacon dans une poêle moyenne jusqu'à ce qu'il soit croustillant. Déposer le bacon sur du papier essuie-tout. Émietter le bacon.

3. Dans la même poêle, faire cuire l'oignon en remuant dans le gras de bacon à feu moyen, pendant 3 à 4 minutes, ou jusqu'à ce qu'il soit amolli.

4. Dans la mijoteuse, mélanger les lentilles, le bacon, l'oignon, les haricots, les tomates, le ketchup, l'ail, la poudre de chili, le cumin, les flocons de piment et la feuille de laurier. Couvrir et cuire à BASSE température de 5 à 6 heures ou à température ÉLEVÉE de 3 à 4 heures. Retirer et jeter la feuille de laurier avant de servir.

Donne 8 à 10 portions

Pain aux épinards à la cuillère

1	paquet (285 g – 10 oz) d'épinards hachés congelés, décongelés et asséchés
1	poivron rouge, coupé en dés
4	œufs légèrement battus
1	tasse de fromage cottage
1	paquet (140 g – 5½ oz) de mélange pour pain de maïs
6	oignons verts, tranchés
½	tasse de beurre fondu
1¼	cuillère à thé de sel aromatisé

1. Graisser légèrement la mijoteuse et la régler à température ÉLEVÉE.

2. Dans un grand bol, mettre tous les ingrédients, et bien mélanger. Verser la pâte dans la mijoteuse. Cuire avec le couvercle légèrement entrouvert pour laisser l'humidité s'échapper. Régler la mijoteuse à température basse pendant 3 à 4 heures, ou à température ÉLEVÉE pendant 1 h 45 à 2 heures, ou jusqu'à ce que le contour du pain soit doré et qu'un couteau inséré au centre en ressorte propre.

3. Servir le pain à la cuillère directement de la mijoteuse, ou démouler à l'aide d'un couteau et renverser sur une assiette. Couper en pointes et servir.

Donne 8 portions

Le pain aux épinards à la cuillère est un plat humide à base d'œuf confectionné avec de la semoule de maïs, et parfois avec des grains de maïs. Normalement cuit dans une casserole, voyez comme il est facile à préparer dans la mijoteuse ! Ce « pain » s'apparente plus au pouding qu'au pain et, comme son nom l'indique, il peut être servi à la cuillère. On sert ce plat populaire du Sud comme accompagnement en remplacement du pain, du riz ou des pommes de terre.

Pommes de terre et panais à la dauphinoise

6	cuillères à soupe de beurre non salé
3	cuillères à soupe de farine tout usage
1 ¾	tasse de crème à fouetter (à 35 %)
2	cuillères à thé de moutarde sèche
1 ½	cuillère à thé de sel
1	cuillère à thé de thym séché
½	cuillère à thé de poivre noir
2	pommes de terre pour le four, coupées en deux dans le sens de la longueur, puis en tranches de 6 mm (¼ po).
2	panais, coupés en fines tranches de 6 mm (¼ po) d'épaisseur
1	oignon, haché
2	tasses de cheddar fort, râpé

1. Faire fondre le beurre dans un poêlon moyen à feu moyen-élevé. Ajouter la farine et fouetter sans arrêt pendant 1 à 2 minutes. En fouettant lentement, incorporer la crème, la moutarde, le sel, le thym et le poivre jusqu'à l'obtention d'une consistance lisse.

2. Déposer les pommes de terre, les panais et l'oignon dans la mijoteuse. Ajouter la préparation de crème.

3. Couvrir et cuire à BASSE température pendant 7 heures, ou à température ÉLEVÉE pendant 3 h 30, ou jusqu'à ce que les pommes de terre soient tendres. Incorporer le fromage. Couvrir et laisser reposer jusqu'à ce que le fromage soit fondu.

Donne 4 à 6 portions

Riz de style risotto à l'asiago et aux asperges

2	tasses d'oignon émincé
1	tasse de riz étuvé, non cuit
2	gousses d'ail moyennes, hachées
1	boîte (env. 415 ml – 14 oz) de bouillon de poulet
450	g (½ lb) d'asperges, parées et cassées en morceaux de 2,5 cm (1 po)
1	à 1 ¼ tasse de crème à 15 %, répartie
½	tasse de fromage asiago râpé, et un peu plus pour garnir
¼	tasse de beurre, coupé en petits morceaux
55	g (2 oz) de noix de pin ou d'amandes en julienne grillées
1	cuillère à thé de sel

1. Dans une mijoteuse de 4 à 4,5 litres (3 ½ à 4 pintes), mettre l'oignon, le riz, l'ail et le bouillon. Remuer jusqu'à ce que tous les ingrédients soient bien mélangés, puis couvrir et cuire pendant 2 heures à température ÉLEVÉE, ou jusqu'à ce que le riz soit cuit.

2. Incorporer les asperges et ½ tasse de crème. Couvrir et cuire de 20 à 30 minutes de plus, ou jusqu'à ce que les asperges soient tendres.

3. Incorporer le reste des ingrédients, puis couvrir et laisser reposer pendant 5 minutes pour permettre au fromage de fondre légèrement. Gonfler à la fourchette et garnir d'asiago, au goût, avant de servir.

Donne 4 portions
Temps de préparation : *20 minutes*
Temps de cuisson : *2 h 30 (à température ÉLEVÉE)*

Astuce : le risotto est un plat de riz crémeux classique du nord de l'Italie. Il peut être confectionné avec une vaste gamme d'ingrédients : des légumes frais et des fromages, par exemple l'asiago, font des merveilles dans les risottos. Le parmesan, les crustacés, le vin blanc et les herbes sont aussi des ajouts très populaires.

Orge aux raisins de Corinthe et aux noix de pin

1	cuillère à soupe de beurre non salé
1	petit oignon, finement coupé
½	tasse d'orge perlé
2	tasses de bouillon de poulet
½	cuillère à thé de sel (ou au goût)
¼	cuillère à thé de poivre noir
⅓	tasse de raisins de Corinthe
¼	tasse de noix de pin

1. Faire fondre le beurre dans une petite poêle à feu moyen-élevé. Ajouter l'oignon. Faire cuire en remuant jusqu'à ce qu'il brunisse légèrement, pendant environ 2 minutes. Transvider dans une mijoteuse de 4,5 litres (4 pintes). Ajouter l'orge, le bouillon, le sel et le poivre. Incorporer les raisins de Corinthe. Couvrir et cuire à BASSE température pendant 3 heures.

2. Incorporer les noix de pin et servir sans délai.

Donne 4 portions
Temps de préparation : *10 minutes*
Temps de cuisson : *3 heures (BASSE température)*

Polenta à l'ail et aux herbes

3	cuillères à soupe de beurre, réparti
8	tasses d'eau
2	tasses de semoule de maïs jaune
2	cuillères à thé d'ail haché fin
2	cuillères à thé de sel
3	cuillères à soupe d'herbes fraîches, hachées (par exemple, du persil, de la ciboulette, du thym ou du cerfeuil ou une combinaison de ces herbes)

Graisser la cocotte d'une mijoteuse de 5 à 5,7 litres (4 ½ à 5 pintes) avec 1 cuillère à soupe de beurre. Ajouter l'eau, la semoule de maïs, l'ail, le sel et les 2 autres cuillères à soupe de beurre. Bien mélanger. Couvrir et cuire à BASSE température pendant 4 heures, ou à température ÉLEVÉE pendant 3 heures, en remuant à l'occasion. Incorporer les herbes tout juste avant de servir.

Donne 6 portions
Temps de préparation : *10 minutes*
Temps de cuisson : *4 heures (BASSE température) ou 3 heures (température ÉLEVÉE)*

Astuce : *la polenta peut aussi être transvidée dans un plat graissé dans lequel elle refroidira jusqu'à ce qu'elle soit ferme. Vous pouvez alors la couper en carrés ou en tranches pour la servir. Pour obtenir encore plus de saveur, faites refroidir les tranches de polenta jusqu'à ce qu'elles soient fermes, puis faites-les griller ou frire jusqu'à ce qu'elles soient dorées.*

Pommes de terre rouges à la menthe et au citron

900	g (2 lb) de pommes de terre rouges nouvelles
3	cuillères à soupe d'huile d'olive
1	cuillère à thé de sel
¾	cuillère à thé d'assaisonnement à la grecque séché, ou de feuille d'origan séché
¼	cuillère à thé de poudre d'ail
¼	cuillère à thé de poivre noir
4	cuillères à soupe de feuilles de menthe fraîche, hachées et réparties
2	cuillères à soupe de beurre
2	cuillères à soupe de jus de citron
1	cuillère à thé de zeste de citron râpé

1. Enduire la cocotte d'une mijoteuse de 7 litres (6 pintes) d'aérosol de cuisson antiadhésif. Ajouter les pommes de terre et l'huile, puis mélanger pour bien enrober. Saupoudrer de sel, d'assaisonnement à la grecque, de poudre d'ail et de poivre. Couvrir et cuire à température ÉLEVÉE pendant 4 heures, ou à BASSE température pendant 7 heures.

2. Incorporer 2 cuillères à soupe de menthe, le beurre, le jus de citron et le zeste de citron jusqu'à ce que le beurre soit complètement fondu. Couvrir et laisser reposer pendant 15 minutes pour laisser les saveurs se marier. Saupoudrer du reste de la menthe juste avant de servir.

Donne 4 portions
Temps de préparation : *25 minutes*
Temps de cuisson : *7 heures (BASSE température) ou 4 heures (température ÉLEVÉE)*

Astuce : il est facile de préparer cette recette d'avance ; vous n'avez qu'à suivre les instructions et à arrêter la cuisson pour ensuite laisser le plat reposer à la température ambiante pendant un maximum de deux heures. Au moment de manger, réchauffez ou servez à la température ambiante.

Risotto de riz sauvage et de cerises séchées

1	tasse d'arachides salées, grillées
2	cuillères à soupe d'huile de sésame, répartie
1	tasse d'oignon émincé
¾	tasse de riz sauvage, non cuit
1	tasse de carottes en dés
1	tasse de poivron vert ou rouge coupé en morceaux
½	tasse de cerises séchées
⅛	à ¼ de cuillère à thé de flocons de piment
4	tasses d'eau chaude
¼	tasse de sauce teriyaki ou de sauce soya
1	cuillère à thé de sel (ou au goût)

1. Enduire la cocotte de la mijoteuse d'aérosol de cuisson antiadhésif. Faire chauffer une grande poêle à feu moyen-élevé jusqu'à ce qu'elle soit chaude. Ajouter les arachides. Cuire en remuant pendant 2 à 3 minutes, ou jusqu'à ce que les arachides commencent à dorer. Déposer les arachides dans une assiette et réserver.

2. Dans la poêle, faire chauffer 2 cuillères à thé d'huile jusqu'à ce qu'elle soit chaude. Ajouter l'oignon. Faire cuire en remuant pendant 6 minutes ou jusqu'à ce que l'oignon soit bruni. Déposer dans la mijoteuse.

3. Incorporer le riz sauvage, les carottes, le poivron, les cerises, les flocons de piment et l'eau. Couvrir et cuire à température ÉLEVÉE pendant 3 heures.

4. Laisser reposer pendant 15 minutes à découvert, jusqu'à ce que le riz ait absorbé le liquide. Incorporer la sauce teriyaki, les arachides et le reste de l'huile et du sel.

Donne 8 à 10 portions
Temps de préparation : *5 minutes*
Temps de cuisson : *3 heures (à température ÉLEVÉE)*

Desserts et plus

Gâteau vapeur à la citrouille

1 ½	tasse de farine tout usage	½	tasse de beurre non salé, fondu
1 ½	cuillère à thé de poudre à pâte	2	tasses de cassonade pâle bien tassée
1 ½	cuillère à thé de bicarbonate de soude	3	œufs battus
1	cuillère à thé de cannelle moulue	1	boîte (445 ml – 15 oz) de citrouille
½	cuillère à thé de sel		crème chantilly (facultatif)
¼	cuillère à thé de clou de girofle moulu		

1. Graisser un plat pour soufflé de 2,8 litres (2 ½ pintes) ou un plat de cuisson pouvant être déposé dans la mijoteuse.

2. Dans un bol moyen, mélanger la farine, la poudre à pâte, le bicarbonate de soude, la cannelle, le sel et le clou de girofle. Réserver.

3. Dans un grand bol, à l'aide d'un batteur électrique, battre le beurre, la cassonade et les œufs à vitesse moyenne, jusqu'à l'obtention d'un mélange crémeux. Incorporer la citrouille. Incorporer ensuite le mélange à base de farine. À l'aide d'une cuillère, déposer le mélange dans le plat à soufflé préparé.

4. Remplir la mijoteuse de 2,5 cm (1 po) d'eau. Confectionner des poignées en papier d'aluminium à l'aide de la technique décrite ci-dessous, pour pouvoir manipuler plus facilement le plat à soufflé. Déposer le plat à soufflé dans la mijoteuse. Couvrir et cuire pendant 3 heures à 3 h 30, ou jusqu'à ce qu'un cure-dents en bois inséré au centre du gâteau en ressorte propre. Utiliser les poignées en papier d'aluminium pour sortir le plat de la mijoteuse. Laisser refroidir pendant 15 minutes. Renverser le gâteau sur un plat de service. Couper en morceaux et servir, au goût, avec une cuillère de crème chantilly.

Donne 12 portions

Poignées d'aluminium : découpez trois grandes feuilles de papier d'aluminium épais, ou le double de papier d'aluminium régulier pour en doubler l'épaisseur. Entrecroisez les feuilles en forme de rayons et déposer le plat à soufflé au centre. Repliez l'aluminium sur le plat.

Suggestion de présentation : garnissez ce succulent gâteau à l'ancienne de tranches de pomme ou de poire sautées, ou encore d'une boule de crème glacée à la citrouille.

Crème anglaise au rhum et aux bananes avec gaufres à la vanille

1½	tasse de lait
3	œufs
½	tasse de sucre
3	cuillères à soupe de rhum brun (ou de lait)
⅛	cuillère à thé de sel
1	banane moyenne, en tranches de 6 mm (¼ po)
15	à 18 gaufrettes à la vanille (ou biscuits)

1. Dans un bol moyen, battre le lait, les œufs, le sucre, le rhum et le sel. Verser dans une casserole de 1,2 litre (1 pinte). Ne pas couvrir.

2. Déposer une grille dans une mijoteuse de 5,7 litres (5 pintes) et verser 1 tasse d'eau. Déposer la casserole sur la grille. Couvrir et cuire à BASSE température pendant 3 h 30 à 4 heures.

3. Sortir la casserole de la mijoteuse. Répartir la crème anglaise dans des assiettes individuelles. Disposer les tranches de banane et les gaufrettes ou les biscuits sur la crème anglaise.

Donne 5 portions

Délice décadent au chocolat

1	paquet (env. 510 g – 18 oz) de mélange pour gâteau au chocolat
1	tasse de crème sure
1	tasse de brisures de chocolat
1	tasse d'eau
4	œufs
¾	tasse d'huile végétale
1	paquet (de 4 portions) de pouding au chocolat instantané pour garniture de tarte crème glacée

1. Graisser l'intérieur de la mijoteuse.

2. Dans la mijoteuse, mettre le mélange à gâteau, la crème sure, les brisures de chocolat, l'eau, les œufs, l'huile et le mélange pour garniture de tarte. Bien mélanger.

3. Couvrir et cuire à BASSE température de 6 à 8 heures, ou à température ÉLEVÉE de 3 à 4 heures. Servir chaud ou froid, avec de la crème glacée.

Donne 12 portions

Les résidences situées à des altitudes supérieures *à la moyenne peuvent exiger un temps plus long de cuisson lente.*

Croustillant aux pommes et aux dattes

6	tasses de pommes, pelées et finement tranchées (env. 6 pommes moyennes, de préférence des Golden Delicious)
2	cuillères à thé de jus de citron
⅓	tasse de dattes grossièrement hachées
1 ⅓	tasse d'avoine à cuisson rapide, non cuite
½	tasse de farine tout usage
½	tasse de cassonade pâle bien tassée
½	cuillère à thé de cannelle moulue
¼	cuillère à thé de gingembre moulu
¼	cuillère à thé de sel
	trait de muscade moulue
	trait de clou de girofle moulu (facultatif)
¼	tasse de beurre froid, coupé en petits morceaux

1. Vaporiser la cocotte de la mijoteuse d'aérosol de cuisson antiadhésif. Déposer les pommes dans un bol de format moyen. Arroser de jus de citron et remuer pour bien les enrober. Ajouter les dattes, et bien mélanger. Transvider dans la mijoteuse.

2. Mélanger l'avoine, la farine, la cassonade, la cannelle, le gingembre, le sel, la muscade et le clou de girofle dans un bol moyen. Incorporer le beurre à l'aide d'un malaxeur à pâtisserie ou de deux couteaux, jusqu'à ce qu'il soit en gros grumeaux.

3. Saupoudrer le mélange à l'avoine sur les pommes et lisser la surface. Couvrir et cuire à BASSE température pendant 4 heures, à température ÉLEVÉE pendant 2 heures, ou jusqu'à ce que les pommes soient tendres.

Donne 6 portions

Pavé aux petits fruits

1	paquet (450 g – 16 oz) de baies mélangées congelées
¾	tasse de sucre granulé
2	cuillères à soupe de tapioca à cuisson rapide
2	cuillères à thé de zeste de citron frais râpé
1½	tasse de farine tout usage
½	de tasse de cassonade bien tassée
2¼	cuillères à thé de poudre à pâte
¼	cuillère à thé de muscade moulue
¾	tasse de lait
⅓	tasse de beurre fondu
	crème glacée (facultatif)

1. Dans la mijoteuse, mélanger les baies congelées, le sucre, le tapioca et le zeste de citron.

2. Dans un bol moyen, mettre la farine, la cassonade, la poudre à pâte et la muscade. Ajouter le lait et le beurre, puis remuer pour mélanger. Déposer quelques cuillères sur le mélange aux baies.

3. Couvrir et cuire à BASSE température pendant 4 heures. Découvrir et laisser reposer pendant 30 minutes. Servir avec de la crème glacée, au goût.

Donne 8 portions

Si vous adaptez vos recettes préférées pour la mijoteuse, *n'oubliez pas de réduire la quantité des liquides de moitié. La cuisson lente n'occasionne pas autant de perte d'humidité que la cuisson conventionnelle.*

Pouding au pain anglais

16	tranches de pain ferme de la veille (1 petite miche)
1 ¾	tasse de lait
1	paquet (225 g – 8 oz) de fruits séchés mélangés, coupés en petits morceaux
½	tasse de noix hachées
1	pomme moyenne, hachée
⅓	de tasse de cassonade bien tassée
¼	tasse de beurre fondu
1	œuf légèrement battu
1	cuillère à thé de cannelle moulue
¼	cuillère à thé de muscade moulue
¼	cuillère à thé de clou de girofle moulu

1. Déchirer le pain avec la croûte en morceaux de 2,5 à 5 cm (1 à 2 po), puis déposer dans la mijoteuse. Verser le lait sur le pain, puis laisser imbiber pendant 30 minutes. Incorporer les fruits séchés, les noix et la pomme.

2. Mettre tous les autres ingrédients dans un petit bol et verser sur le mélange à base de pain. Bien mélanger tous les ingrédients. Couvrir et cuire à BASSE température de 3 h 30 à 4 heures, ou jusqu'à ce qu'un cure-dents ou une brochette de bois insérés au centre du pouding en ressorte propre.

Donne 6 à 8 portions

Note : il peut être difficile de couper les fruits séchés. Pour faciliter votre travail, coupez-les avec des ciseaux de cuisine. Vaporisez le couteau ou les ciseaux d'aérosol de cuisson antiadhésif avant de couper les fruits.

Poires pochées et coulis de framboise

4	tasses de cocktail de canneberge et framboise
2	tasses de vin du Rhin ou de Riesling
¼	tasse de sucre
2	bâtonnets de cannelle, cassés en deux
4	à 5 poires Bosc ou Anjou fermes, pelées
1	paquet (285 g – 10 oz) de framboises congelées dans le sirop, décongelées
	baies fraîches (facultatif)

1. Dans la mijoteuse, mélanger le jus, le vin, le sucre et les bâtonnets de cannelle. Immerger les poires dans ce mélange. Couvrir et cuire à BASSE température de 3 h 30 à 4 heures, ou jusqu'à ce que les poires soient tendres. Retirer et jeter les morceaux de cannelle.

2. Au mélangeur ou au robot, mixer les framboises jusqu'à l'obtention d'une consistance lisse. Filtrer le coulis à l'aide d'une passoire et jeter les graines. Déposer le coulis aux framboises sur les assiettes de service, et les poires sur la sauce. Garnir de petits fruits frais.

Donne 4 à 5 portions

Pour créer une présentation simple mais élégante, *réalisez des motifs décoratifs à la surface des poires cuites.*

Pain de grain entier aux bananes

¼	tasse plus 2 cuillères à soupe de germe de blé, réparti
⅔	tasse de beurre ramolli
1	tasse de sucre
2	œufs
1	tasse de bananes écrasées (2 à 3 bananes)
1	cuillère à thé de vanille
1	tasse de farine tout usage
1	tasse de farine à pâtisserie de blé entier
1	cuillère à thé de bicarbonate de soude
½	cuillère à thé de sel
½	tasse de noix de Grenoble ou de pacanes hachées (facultatif)

1. Vaporiser d'aérosol de cuisson antiadhésif une casserole de 1,2 litre (1 pinte) et un plat pour soufflé ou tout autre plat de cuisson qui pourra être placé dans la mijoteuse. Saupoudrer le plat des 2 cuillères à soupe de germe de blé.

2. Dans un grand bol, battre le beurre jusqu'à ce qu'il ramollise. Incorporer graduellement le sucre et les œufs. Ajouter les bananes écrasées et la vanille, puis battre jusqu'à l'obtention d'une consistance lisse.

3. Incorporer graduellement la farine, l'autre ¼ tasse de germe de blé, la poudre à pâte et le sel. Incorporer les noix. Verser la pâte dans le plat préparer et le déposer dans la mijoteuse. Couvrir et cuire à température ÉLEVÉE pendant 2 à 3 heures, ou jusqu'à ce que le contour commence à brunir.

4. Sortir le plat de la mijoteuse et le laisser refroidir sur une grille pendant environ 10 minutes. Démouler le pain du plat et le laisser refroidir complètement sur la grille.

Donne 8 à 10 portions

Pouding au pain perdu

2	cuillères à soupe de cassonade foncée tassée
2½	cuillères à thé de cannelle moulue
1	miche (720 g – 24 oz) de pain texan pour rôties, ou de pain blanc de la veille
2	tasses de crème à fouetter (35 %)
2	tasses de crème à 10 %

2	cuillères à thé de vanille
¼	cuillère à thé de sel
4	jaunes d'œufs
1¼	tasse de sucre granulé
¼	cuillère à thé de muscade moulue
	sirop d'érable
	crème fouettée (facultatif)

1. Enduire une cocotte de mijoteuse ovale de 4 litres (3 ½ pintes) d'aérosol de cuisson antiadhésif. Dans un petit bol, combiner la cassonade et la cannelle. Réserver 1 cuillère à soupe, puis mettre de côté.

2. Couper les tranches de pain en deux en diagonale. En mettant les talons au fond, disposer les pointes de pain en une seule couche aussi plane que possible. Saupoudrer uniformément d'une cuillère à soupe bien remplie de mélange à base de cannelle. Répéter l'opération pour faire plusieurs étages avec le reste du pain et le mélange à base de cannelle, en gardant les étages aussi aplanis que possible. Insérer des morceaux de pain à la verticale, au besoin.

3. Dans une grande casserole, faire cuire la crème 10 %, la vanille et le sel à feu moyen en remuant. Amener à ébullition, puis réduire à feu bas.

4. Pendant ce temps, dans un bol de format moyen, fouetter les jaunes d'œuf et le sucre granulé. Continuer de fouetter rapidement tout en ajoutant ¼ tasse du mélange à base de crème chaud. Ajouter le mélange à base d'œuf ainsi réchauffé à la préparation à la crème qui reste dans la casserole, et augmenter le feu à moyen-élevé. Faire cuire en remuant pendant environ 5 minutes, ou jusqu'à ce que le mélange épaississe légèrement. Ne pas faire bouillir.

5. Retirer du feu et incorporer la muscade. Verser le mélange sur le pain et comprimer légèrement le pain. Saupoudrer du reste de mélange à la cannelle. Couvrir et cuire à BASSE température de 3 à 4 heures, ou à température ÉLEVÉE pendant 1 h 30 à 2 heures, ou jusqu'à ce qu'un cure-dents ou une brochette de bois insérés au centre en ressorte propre.

6. Éteindre la mijoteuse et retirer le couvercle. Laisser le pouding reposer pendant 10 minutes avant de servir. Servir avec du sirop d'érable et de la crème fouettée, au goût.

Donne 6 à 8 portions

Latté à la cannelle ➤

6	tasses de café corsé*, infusé		3	bâtonnets de cannelle, un peu plus pour décorer
2	tasses de crème à 10 %			crème fouettée (facultatif)
1	tasse de sucre			
1	cuillère à thé de vanille			

1. Dans la mijoteuse, mélanger le café, la crème, le sucre et la vanille. Ajouter les bâtons de cannelle. Couvrir et cuire à température ÉLEVÉE pendant 3 heures.

2. Retirer les bâtons de cannelle. Servir le latté dans de grosses tasses ou dans des bols à café avec, au goût, une cuillerée de crème fouettée et un bâtonnet de cannelle.

Donne 6 à 8 portions
Temps de préparation : *5 minutes*
Temps de cuisson : *3 heures (à température ÉLEVÉE)*

* Doublez la quantité de café que vous utilisez normalement. Ou encore, remplacez-le par 8 cuillères à thé de café instantané dissoutes dans 6 tasses d'eau bouillante.

Cacao mucho mocha

1	tasse de sirop de chocolat		2	bâtons de cannelle entiers
⅓	tasse de poudre de café instantané		1	litre (1 pinte) de lait entier
2	cuillères à soupe de sucre (ou plus au goût)		1	litre (1 pinte) de crème à 10 %

Dans une mijoteuse de 4 à 4,5 litres (3 ½ à 4 pintes), mettre tous les ingrédients. Remuer pour bien mélanger les ingrédients. Couvrir et cuire à BASSE température pendant 3 heures. Servir chaud, dans des tasses.

Donne 9 tasses
Temps de préparation : *5 minutes*
Temps de cuisson : *3 heures (BASSE température)*

Astuce : *cette recette est excellente pour les fêtes. Vous pouvez ajouter*
30 ml (1 oz) de rhum ou de whisky à chaque portion, au goût.

Gâteau glacé à l'orange et au pavot

GÂTEAU

1½	tasse de mélange pour biscuits
¾	tasse de sucre granulé
2	cuillères à soupe de graines de pavot
½	tasse de crème sure
1	œuf
2	cuillères à soupe de lait
1	cuillère à thé de vanille
2	cuillères à thé de zeste d'orange

GLAÇAGE

¼	tasse de jus d'orange
2	tasses de sucre à glacer, tamisé
2	cuillères à thé de graines de pavot

1. Enduire la cocotte d'une mijoteuse de 4,5 litres (4 pintes) d'aérosol de cuisson antiadhésif. Découper un cercle de papier ciré pour recouvrir le fond de la mijoteuse (tracer le contour de la cocotte de la mijoteuse en la déposant sur le papier ciré et découper un cercle un peu plus petit). Vaporiser légèrement d'aérosol de cuisson.

2. Dans un bol moyen, mélanger le mélange pour biscuits, le sucre et les graines de pavot, puis réserver. Dans un autre bol, mélanger la crème sure, l'œuf, le lait, la vanille et le zeste d'orange. Incorporer les ingrédients mouillés aux ingrédients secs en fouettant jusqu'à ce qu'ils soient bien mélangés.

3. Verser le mélange dans la mijoteuse et lisser la surface. Déposer une feuille de papier essuie-tout sous le couvercle de la mijoteuse, puis couvrir. Cuire à température ÉLEVÉE pendant 1 h 30. (Le gâteau est cuit lorsqu'il n'est plus luisant et qu'un cure-dents inséré au centre en ressort propre.)

4. Renverser le gâteau sur une grille, peler le papier ciré et laisser refroidir (à l'endroit) sur la grille.

5. Fouetter ensemble le jus d'orange et le sucre à glacer. Couper le gâteau en 8 portions et placer une plaque sous la grille pour recueillir les égouttures du glaçage. À l'aide d'une petite spatule ou d'un couteau, étendre du glaçage sur chaque morceau. Saupoudrer de graines de pavot, et laisser le glaçage durcir.

Donne 8 portions
Temps de préparation : *20 minutes*
Temps de cuisson : *1 h 30 (à température ÉLEVÉE)*

Index

A

Abricot

Longe de porc glacée, 164

Trempette à l'abricot et au brie, 36

Ailes de poulet à l'orientale, 28

Ailes de poulet thaï, 48

Aubergine

Caponata, 18

Lasagne végétarienne, 240

Ragoût de légumes du Moyen-Orient, 237

Ragoût méditerranéen, 238

B

Bacon

Chaudrée aux deux maïs, 88

Délice à quatre étages, 143

Ragoût consistant de lentilles et de légumes-racines, 53

Ragoût de patate douce, 64

Tex-mex de haricots épicés, 278

Trempette bacon et fromage, 16

Baguettes chaudes au poulet, 221

Bananes

Crème anglaise au rhum et aux bananes avec gaufres à la vanille, 296

Pain de grain entier aux bananes, 308

Barbecue

Côtes sucrées et piquantes, 178

Cubes de bœuf barbecue, 130

Fajitas de poulet avec sauce barbecue cow-boy, 198

Porc barbecue sur pain, 168

Sauce barbecue, 110

Beurre aux pommes épicé, 270

Bière

Bœuf à l'italienne savoureux, 111

Bœuf épicé à l'italienne, 144

Saucisses Bratwurst à la bière, 32

Soupe à la bière et au fromage, 84

Bœuf, 100 à 159

Bortsch russe, 62

Boulettes glacées à la framboise et au vinaigre balsamique, 44

Boulettes de viande cocktail, 20

Chili facile et rapide, 85

Le meilleur chili de tous les temps, 77

Le meilleur ragoût de bœuf au monde, 78

Mini sandwichs au bifteck à la suisse, 40

Ragoût de bœuf à la mélasse et aux raisins secs, 70

Ragoût de bœuf facile, 66

Ragoût de bœuf, 77

Soupe de bœuf à la mijoteuse, 67

Trempette Reuben, 15

Boissons

Cacao mucho moka, 310

Chocolat chaud triplement délicieux, 12

Latté à la cannelle, 310

Thé épicé aux agrumes, 30

Vin chaud, 22

Brocoli

Soupe aux boulettes d'agneau et aux légumineuses, 80

Strata au brocoli et au fromage, 242

Bifteck à l'étouffée, 132

Bifteck à la paysanne, 137

Bifteck de ronde à la mijoteuse avec son jus, 125

Bifteck de ronde, 102

Bifteck San Marino, 146

Bisque de chou-fleur crémeuse, 68

Bœuf à l'italienne savoureux, 111

Bœuf bourguignon facile, 124

Bœuf épicé à l'italienne, 144

Bœuf et nouilles à la mijoteuse, 154

Bœuf et panais Strogonoff, 116

Bœuf poivré, 126

Bœuf salé et chou, sauce à la moutarde et au raifort, 119

Bœuf Strogonoff facile, 138

Bortsch russe, 62

Boulettes de poulet thaï à la noix de coco, 50

Boulettes glacées à la framboise et au vinaigre balsamique, 44

Boulettes de viande cocktail, 20

Bouts de côtes au vin rouge braisés à l'italienne, 156

Braciola, 122

Braisé de bœuf à l'italienne, 118

Braisé de bœuf cuit lentement, 149

Burger de brasserie, 154

Burritos de rôti de bœuf, 142

C

Caponata, 18

Cari de poulet, 212

Casserole de haricots verts, 268

Casserole de pommes de terre de Donna, 256

Champignons

Bifteck à l'étouffée, 132

Bifteck de ronde, 102

Bœuf bourguignon facile, 124

Bœuf et nouilles à la mijoteuse, 154

Bœuf et panais Strogonoff, 116

Bœuf poivré, 126

Bœuf Strogonoff à l'orge, 112

Bouts de côtes au vin rouge braisés à l'italienne, 156

Casserole de haricots verts, 268

Champignons farcis à la saucisse et à la bette à carde, 46

Coq au vin en toute simplicité, 208

Côtes de porc à l'orientale avec nouilles épicées, 184

Délice d'automne, 104

Fettuccini Alfredo au poulet et aux champignons, 222

Lasagne végétarienne, 240

Le meilleur rôti qui soit, 110

Poulet à l'italienne, 213

Poulet et champignons en sauce crémeuse, 214

Poulet et nouilles aux trois fromages, 194

Poulet San Marino, 204

Ragoût d'agneau et de légumes, 98

Ragoût de porc et de champignons, 172

Rôti facile du dimanche de Maman, 131

Sauce pour pâtes aux légumes, 248

Soupe consistante aux champignons et à l'orge, 72

Chaudrée aux deux maïs, 88

Chili

Chili aux haricots et au maïs, 232

Chili d'épaule de bœuf, 101

Chili de bœuf effiloché, 136

Chili facile et rapide, 85

Chili verde, 164

Le meilleur chili de tous les temps, 77

Macaroni au chili à la mijoteuse, 106

Chili d'épaule de bœuf, 101

Chili de bœuf effiloché, 136

Chili facile et rapide, 85

Chocolat

Cacao mucho moka, 310

Chocolat chaud triplement délicieux, 12

Délice décadent au chocolat, 298

Chocolat chaud triplement délicieux, 12

Chorizo et *queso fundido,* 38

Chou

Bœuf salé et chou, sauce à la moutarde et au raifort, 119

Bortsch russe, 62

Chou-fleur

Bisque de chou-fleur crémeuse, 68

Ragoût de lentilles consistant, 82

Coq au vin en toute simplicité, 208

Côtelettes de porc avec farce au pain de maïs, aux pacanes et aux jalapeños, 174

Côtelettes de porc farcies aux légumes, 170

Côtelettes sucrées à la choucroute, 168

Côtes à la paysanne, 181

Côtes de porc à l'orientale avec nouilles épicées, 182

Côtes à la paysanne, 181

Côtes sucrées et piquantes, 178

Courges et courgettes

Lasagne végétarienne, 240

Ragoût de haricots avec dumplings de semoule de maïs et coriandre, 234

Ragoût de légumes du Moyen-Orient, 237

Ragoût méditerranéen, 238

Sauce pour pâtes aux légumes, 248

Soupe crémeuse à la patate douce et à la courge musquée, 86

Soupe jardinière à l'italienne, 96

Couscous

Couscous à l'espagnole, 152

Ragoût méditerranéen, 238

Couscous à l'espagnole, 152

D

Délice à quatre étages, 143

Délice d'automne, 104

Délice décadent au chocolat, 298

Dinde à la relish aux cerises, 220

Dinde du Sud-Ouest aux piments et à la crème, 199

Dinde *ropa vieja,* 228

Dumplings à la semoule de maïs et à la coriandre, 236

E

Épinards

Épinards de Jim à la mexicaine, 262

Pain aux épinards à la cuillère, 280

Épinards de Jim à la mexicaine, 262

F

Fajitas de poulet avec sauce barbecue cow-boy, 198

Feijoada Completa, 120

Fettuccini Alfredo au poulet et aux champignons, 222

Filet de porc à la chinoise, 184

Filet de porc au thym et aux haricots blancs, 180

Fondue facile aux trois fromages, 14

Fondue pizza, 24

Fusilli pizzaiola avec boulettes de dinde, 206

G

Garniture

Casserole de pommes de terre de Donna, 256

Côtelettes de porc avec farce au pain de maïs, aux pacanes et aux jalapeños, 174

Gâteau

Gâteau glacé à l'orange et au pavot, 312

Gâteau vapeur à la citrouille, 295

Pavé aux petits fruits, 302

H

Haricots, fèves et légumes (voir aussi **Lentilles**)

Casserole de haricots verts, 268

Casserole de pain de maïs et de haricots, 250

Chili aux haricots et au maïs, 232

Chili facile et rapide, 85

Feijoada Completa, 120

Filet de porc au thym et aux haricots blancs, 180

Haricots rouges et riz, 236

Le meilleur chili de tous les temps, 77

Maïs et haricots du Sud-Ouest, 253

Poivrons farcis du Sud-Ouest, 246

Ragoût de haricots avec dumplings de semoule de maïs et coriandre, 234

Ragoût de légumes du Moyen-Orient, 137

Ragoût de patate douce et de haricots verts des Caraïbes, 244

Ragoût méditerranéen, 238

Risi bisi, 272

Riz à la saucisse végétarienne, 231

Riz espagnol de style paella, 266

Riz et fromage à la mexicaine, 276

Saucisse de dinde et riz à l'italienne, 207

Soupe à la lime et aux haricots noirs, 92

Soupe aux boulettes d'agneau et aux légumineuses, 80

Soupe aux pois cassés jaunes et verts, 61

Soupe campagnarde à la saucisse et aux haricots, 54

Soupe jardinière à l'italienne, 96

Tex-mex de haricots épicés, 278

Trempette à la saucisse, 35

Trempette aux haricots pour le voisinage, 9

Haricots rouges et riz, 236

J

Jambon

Fondue pizza, 24

Jambon sauce fruitée au bourbon, 186

Soupe aux pois cassés jaunes et verts, 61

L

Lasagne végétarienne, 240

Latté à la cannelle, 310

Le meilleur chili de tous les temps, 77

Le meilleur ragoût de bœuf au monde, 78

Le meilleur rôti qui soit, 110

Lentilles

Ragoût consistant de lentilles et de légumes-racines, 53

Ragoût de lentilles consistant, 82

Soupe consistante aux lentilles et à l'orge, 58

Soupe au riz et aux lentilles à la française, 90

Tex-mex de haricots épicés, 278

Longe de porc glacée, 164

M

Macaroni au chili à la mijoteuse, 106

Maïs

Casserole de pain de maïs et de haricots, 250

Chaudrée aux deux maïs, 88

Chili aux haricots et au maïs, 232

Chili de bœuf effiloché, 136

Côtelettes de porc farcies aux légumes, 170

Dinde du Sud-Ouest aux piments et à la crème, 199

Maïs et haricots du Sud-Ouest, 253

Mijoté de maïs, 264

Poivrons farcis du Sud-Ouest, 246

Ragoût de porc et de patate douce charqui, 188

Soupe de tortillas, 81

Maïs et haricots du Sud-Ouest, 253

Mijoté de maïs, 264

N

Noix

Casserole de haricots verts, 268

Côtelettes de porc avec farce au pain de maïs, aux pacanes et aux jalapeños, 174

Orge aux raisins de Corinthe et aux noix de pin, 286

Pouding au pain anglais, 304

Ragoût de lentilles consistant, 82

Ragoût de patate douce et de haricots verts des Caraïbes, 244

Risotto de riz sauvage et de cerises séchées, 292

Riz de style risotto à l'asiago et aux asperges, 284

O

Œufs

Crème anglaise au rhum et aux bananes avec gaufres à la vanille, 296

Pain aux épinards à la cuillère, 280

Pouding au pain perdu, 309

Strata au brocoli et au fromage, 242

Okra

Poulet et légumes à la créole, 193

Ragoût méditerranéen, 238

Olives

Couscous à l'espagnole, 152

Dinde *Ropa Vieja,* 228

Orange

Carottes glacées à l'orange et aux épices, 260

Gâteau glacé à l'orange et au pavot, 312

Thé épicé aux agrumes, 30

Orge

Bœuf Strogonoff à l'orge, 112

Orge aux raisins de Corinthe et aux noix de pin, 286

Soupe consistante aux champignons et à l'orge, 72

Soupe consistante aux lentilles et à l'orge, 58

P

Paella espagnole au poulet et à la saucisse, 226

Pain de grain entier au miel, 258

Pain de grain entier aux bananes, 308

Pain de viande à l'italienne, 134

Pain de viande à la mijoteuse, 114

Patates douces

Patates douces aigres-piquantes, 270

Ragoût de légumes du Moyen-Orient, 237

Ragoût de patate douce et de haricots verts des Caraïbes, 244

Ragoût de patate douce, 64

Ragoût de porc et de patate douce charqui, 188

Soupe crémeuse à la patate douce et à la courge musquée, 86

Patates douces aigres-piquantes, 270

Pâtes et nouilles

Bœuf et nouilles à la mijoteuse, 154

Bœuf et panais Strogonoff, 116

Braisé de bœuf à l'italienne, 118

Côtes de porc à l'orientale avec nouilles épicées, 182

Fettuccini Alfredo au poulet et aux champignons, 222

Fusilli pizzaiola avec boulettes de dinde, 206

Lasagne végétarienne, 240

Macaroni au chili à la mijoteuse, 106

Poulet et légumes du monde ancien, 202

Poulet et nouilles aux trois fromages, 194

Poulet et orzo à la grecque, 224

Ragoût de porc et de champignons, 172

Soupe jardinière à l'italienne, 96

Pavé aux petits fruits, 302

Poires pochées et coulis de framboise, 306

Poitrine de bœuf barbecue à la texane, 108

Poitrine de dinde à la mijoteuse, 216

Poivrons farcis à la mijoteuse, 128

Poivrons farcis du Sud-Ouest, 246

Polenta à l'ail et aux herbes, 288

Pomme

Beurre aux pommes épicé, 270

Cari de poulet, 212

Côtelettes sucrées à la choucroute, 168

Côtes à la paysanne, 181

Côtes du comté de Buck, 162

Croustillant aux pommes et aux dattes, 300

Jambon sauce fruitée au bourbon, 186

Porc tout simplement délicieux, 162

Pouding au pain anglais, 304

Pomme de terre

Bisque de chou-fleur crémeuse, 68

Bœuf salé et chou, sauce à la moutarde et au raifort, 119

Braisé de bœuf cuit lentement, 149

Casserole de pommes de terre de Donna, 256

Chili de bœuf effiloché, 136

Délice à quatre étages, 143

Le meilleur ragoût de bœuf au monde, 78

Le meilleur rôti qui soit, 110

Pommes de terre et panais à la dauphinoise, 282

Pommes de terre rouges à la menthe et au citron, 290

Pommes de terre rustiques gratinées, 274

Porc et pommes de terre au fromage, 166

Poulet cuit lentement de Kat, 210

Ragoût de bœuf facile, 66

Ragoût de bœuf, 77

Ragoût de poulet et de piments, 56

Ragoût de porc et de tomates, 161

Rôti facile du dimanche de maman, 131

Soupe aux pommes de terre et au cheddar, 76

Un rôti pour dîner, 125

Pommes de terre à la mijoteuse, 268

Pommes de terre et panais à la dauphinoise, 282

Pommes de terre rouges à la menthe et au citron, 290

Pommes de terre rustiques gratinées, 274

Porc, 160 à 191

(voir aussi, Bacon, Jambon et Saucisse)

Boulettes de viande cocktail, 20

Feijoda Completa, 120

Fondue pizza, 24

Pain de viande à l'italienne, 134

Ragoût de porc au poivron et à l'ananas, 73

Porc et pommes de terre au fromage, 166

Porc tout simplement délicieux, 162

Posole, 176

Potage au basilic et aux tomates grillées, 74

Pouding au pain anglais, 304

Pouding au pain perdu, 309

Poulet, 192 à 229

Ailes de poulet à l'orientale, 28

Ailes de poulet épicées à la marocaine, 42

Ailes de poulet thaï, 48

Boulettes de poulet thaï à la noix de coco, 50

Ragoût de poulet et piments, 56

Soupe au riz sauvage et au poulet à la mijoteuse, 60

Poulet cuit lentement de Kat, 210

Poulet à l'italienne, 213

Poulet aigre-piquant, 216

Poulet avec saucisse et poivrons à l'italienne, 218

Poulet et champignons en sauce crémeuse, 214

Poulet et légumes à la créole, 193

Poulet et légumes du monde ancien, 202

Poulet et nouilles aux trois fromages, 194

Poulet et orzo à la grecque, 224

Poulet et riz à la mijoteuse, 196

Poulet et sauce faciles à la mijoteuse, 196

Poulet San Marino, 204

R

Ragoûts

Le meilleur ragoût de bœuf au monde, 78

Posole, 176

Ragoût consistant de lentilles et de légumes-racines, 53

Ragoût d'agneau et de légumes, 98

Ragoût de bœuf à la mélasse et aux raisins secs, 70

Ragoût de bœuf facile, 66

Ragoût de bœuf suisse, 155

Ragoût de bœuf, 77

Ragoût de légumes du Moyen-Orient, 237

Ragoût de lentilles consistant, 82

Ragoût de patate douce et de haricots verts des Caraïbes, 244

Ragoût de patate douce, 64

Ragoût de poulet et de piments, 56

Ragoût de porc au poivron et à l'ananas, 73

Ragoût de porc et de patate douce charqui, 188

Ragoût méditerranéen, 238

Ragoût consistant de lentilles et de légumes-racines, 53

Ragoût d'agneau et de légumes, 98

Ragoût de haricots avec dumplings de semoule de maïs et coriandre, 234

Ragoût de bœuf facile, 66

Ragoût de bœuf suisse, 155

Ragoût de lentilles consistant, 82

Ragoût de patate douce et de haricots verts des Caraïbes, 244

Ragoût de poulet et de piments, 56

Ragoût de porc au poivron et à l'ananas, 73

Ragoût de porc et de champignons, 172

Ragoût de porc et de patate douce charqui, 188

Ragoût de porc et de tomates, 161

Raisins secs

Jambon sauce fruitée au bourbon, 186

Ragoût de bœuf à la mélasse et aux raisins secs, 70

Ragoût de légumes du Moyen-Orient, 237

Relish au poivron rouge, 26

Risi bisi, 272

Risotto de riz sauvage et de cerises séchées, 292

Riz

Cari de poulet, 212

Côtelettes de porc farcies aux légumes, 170

Dinde du Sud-Ouest aux piments et à la crème, 199

Haricots rouges et riz, 236

Paella espagnole au poulet et à la saucisse, 226

Poivrons farcis à la mijoteuse, 128

Poivrons farcis du Sud-Ouest, 246

Poulet et riz à la mijoteuse, 196

Risi bisi, 227

Risotto de riz sauvage et de cerises séchées, 292

Riz à la saucisse végétarienne, 231

Riz de style risotto à l'asiago et aux asperges, 284

Riz de style risotto aux poivrons, 254

Riz espagnol de style paella, 266

Riz et fromage à la mexicaine, 276

Saucisse de dinde et riz à l'italienne, 207

Soupe au riz et au citron à la grecque, 94

Soupe au riz sauvage et au poulet à la mijoteuse, 60

Soupe au riz et aux lentilles à la française, 90

Riz à la saucisse végétarienne, 231

Riz de style risotto à l'asiago et aux asperges, 284

Riz de style risotto aux poivrons, 254

Riz espagnol de style paella, 266

Rondelles de saucisse sucrées et piquantes, 34

Rôti de bœuf aux cornichons de papa, 155

Rôti pour dîner (un), 125

Roulés de bœuf effiloché, 148

S

Sandwichs et roulés

Baguettes chaudes au poulet, 221

Burger de brasserie, 154

Mini-sandwichs au bifteck à la suisse, 40

Porc barbecue sur pain, 168

Roulés de bœuf effiloché, 148

Sauces

Fajitas de poulet avec sauce barbecue cow-boy, 198

Poires pochées et coulis de framboise, 306

Sauce à spaghetti de maman, 140

Sauce au piment et au citron, 120

Sauce barbecue, 110

Sauce pour pâtes aux légumes, 248

Sauce au piment et au citron, 120

Sauce pour pâtes aux légumes, 248

Saucisse

Boulettes de viande cocktail, 20

Braciola, 122

Champignons farcis à la saucisse et à la bette à carde, 46

Chorizo et *queso fundido,* 38

Feijoada Completa, 120

Fondue pizza, 24

Le meilleur ragoût de bœuf au monde, 78

Paella espagnole au poulet et à la saucisse, 226

Poulet avec saucisse et poivrons à l'italienne, 218

Riz à la saucisse végétarienne, 231

Rondelles de saucisse sucrées et piquantes, 34

Sauce à spaghetti de maman, 140

Saucisse de dinde et riz à l'italienne, 207

Saucisses Bratwurst à la bière, 32

Soupe campagnarde à la saucisse et aux haricots, 54

Soupe consistante aux lentilles et à l'orge, 58

Trempette à la saucisse, 35

Saucisse de dinde et riz à l'italienne, 207

Saucisses Bratwurst à la bière, 32

Saucisses cocktail aigres-douces piquantes, 10

Sauerbraten, 150

Sauerkraut

Côtelettes sucrées à la choucroute, 168

Côtes à la paysanne, 181

Trempette Reuben, 15

Soupe à la lime et aux haricots noirs, 92

Soupe au riz et au citron à la grecque, 94

Soupe au riz sauvage et au poulet à la mijoteuse, 60

Soupe aux boulettes d'agneau et aux légumineuses, 80

Soupe aux pois cassés jaunes et verts, 61

Soupe aux pommes de terre et au cheddar, 76

Soupe campagnarde à la saucisse et aux haricots, 54

Soupe consistante aux champignons et à l'orge, 72

Soupe consistante aux lentilles et à l'orge, 58

Soupe crémeuse à la patate douce et à la courge musquée, 86

Soupe au bœuf à la mijoteuse, 67

Soupe au riz et aux lentilles à la française, 90

Soupe de tortillas, 81

Soupe jardinière à l'italienne, 96

T

Tacos

Mini tacos *carnitas,* 190

Tacos à la dinde, 200

Tacos simples au porc effiloché, 176

Tacos à la dinde, 200

Tacos simples au porc effiloché, 176

Tex-mex de haricots épicés, 278

Thé épicé aux agrumes, 30

Trempettes, fondues et tartinades

Caponata, 18

Chorizo et *queso fundido,* 38

Fondue facile aux trois fromages, 14

Fondue pizza, 24

Relish au poivron rouge, 26

Trempette à l'abricot et au brie, 36

Trempette à la saucisse, 35

Trempette aux haricots pour le voisinage, 9

Trempette bacon et fromage, 16

Trempette Reuben, 15

Trempette aux haricots pour le voisinage, 9

Trempette Reuben, 15

V

Vin chaud, 22

Tableau de conversion métrique

MESURES DE VOLUME (sec)

$^1/_8$ cuillère à thé = 0,5 ml
¼ cuillère à thé = 1 ml
½ cuillère à thé = 2 ml
1 cuillère à thé = 5 ml
1 cuillère à table = 15 ml
2 cuillères à table = 30 ml
¼ tasse = 60 ml
$^1/_3$ tasse = 75 ml
½ tasse = 125 ml
$^2/_3$ tasse = 150 ml
¾ tasse = 175 ml
1 tasse = 250 ml
2 tasses = 1 chopine = 500 ml
3 tasses = 750 ml
4 tasses = 1 pinte = 1 l

MESURES DE VOLUME (liquide)

1 once liquide (2 cuillères à table) = 30 ml
4 onces liquides (½ tasse) = 125 ml
8 onces liquides (1 tasse) = 250 ml
12 onces liquides (1 ½ tasse) = 375 ml
16 onces liquides (2 tasses) = 500 ml
POIDS (masse)
½ once = 15 g
1 once = 30 g
3 onces = 90 g
4 onces = 120 g
8 onces = 225 g
10 onces = 285 g
12 onces = 360 g
16 onces = 1 livre = 450 g

DIMENSIONS PLATS DE CUISSON

Ustensiles	Dimensions en pouces/litres	Volumes métrique	Dimensions en centimètres
Plaque à pâtisserie ou moule à gâteau (carré ou rectangulaire)	8 x 8 x 2	2 l	20 x 20 x 5
	9 x 9 x 2	2,5 l	23 x 23 x 5
	12 x 8 x 2	3 l	30 x 20 x 5
	13 x 9 x 2	3,5 l	33 x 23 x 5
Moule à pain	8 x 4 x 3	1,5 l	20 x 10 x 7
	9 x 5 x 3	2 l	23 x 13 x 7
Moule à gâteau rond	8 x 11/2	1,2 l	20 x 4
	9 x 11/2	1,5 l	23 x 4
Moule à tarte	8 x 11/4	750 ml	20 x 3
	9 x 11/4	1 l	23 x 3
Marmite ou cocotte	1 pinte	1 l	-
	11/2 pinte	1,5 l	-
	2 pintes	2 l	-

DIMENSIONS

$^1/_{16}$ po = 2 mm
$^1/_8$ po = 3 mm
¼ po = 6 mm
½ po = 1,5 cm
¾ po = 2 cm
1 po = 2,5 cm

TEMPÉRATURES

250 °F = 120 °C
275 °F = 140 °C
300 °F = 150 °C
325 °F = 160 °C
350 °F = 180 °C
375 °F = 190 °C
400 °F = 200 °C
425 °F = 220 °C
450 °F = 230 °C